福友现代实用企管书系②

FORYOU MODERN PRACTICAL
ENTERPRISE MANANGEMENT BOOK SERIES

品　质　管　理

编著：林荣瑞（台湾）

厦门大学出版社

品质管理

福友现代实用企管书系②
编著／林荣瑞（台湾）

企划发行／**福友企业管理顾问有限公司**
电话：0592-2382608
传真：0592-2396530　2395580
http://www.foryou.tw.cn
E-mail:xm@foryou.tw.cn

出版社／厦门大学出版社
责任编辑／许红兵
封面设计／李峰源、林昉
插画／徐春源、邓艳平

印刷／厦门集大印刷厂
2022年7月第18版　2022年7月第49次印刷
7.625印张　185千字
ISBN7-5615-1178-7／F·193
定价：56.00元

《福友现代实用企业管理书系》
出版序

献给每一位站着睡觉的人

品质代表了一个国家的科学技术、生产水平、管理水平和文化水平。产品品质的提高，意味着经济效益的提高。当今世界经济的发展正经历着由数量型增长向品质型增长的转变，市场竞争也由价格竞争为主转为向品质竞争为主。

拥有十三亿人口广阔市场的中国，已成为发达国家销售商品的首选地。这意味着国门将更加开放，国货将面临巨大、严峻的考验。因而，要想企业立于不败之地，只有靠强化品质管理，提高产品品质，而别无它法。因为，管理是企业生存和发展的主要关键。在同一经济制度环境中，企业的盈亏优劣、生死存亡，主要取决于其经营管理水平的高下及管理方法的成功与失败。因此，企业发展的客观规律最突出的体现也在于企业的经营管理之中。可以看出，一个企业命运如何，关键在于能否科学的管理，或者说："企业成功的关键在于科学管理"。

管理是一门科学，加强企业管理出生产力。在体现科学技术是第一生产力时，人们往往仅指技术，而不重视或不理解管理在生产力上所发挥的作用。在生产日益社会化的今天，如忽视管理或不够重视，人们对生产力的理解和研究将不够全面，效果可想而知。

企业管理是企业一切工作的基础，任何外部环境的改善都不能取代企业的内部管理。在新的历史时期，强化管理、提高产品品质是当前企业的首要任务。可以说"没有品质就没有明天"，"以品质取胜"是企业立于不败之地的法宝。

与台湾的林荣瑞先生相识于1996年北京的全球品质管理大会，早

《福友现代实用企业管理书系》
出版序

年曾在日本企业负责管理工作多年",深有"品质"是企业经营管理根本之感受的林先生,给与会各方留下了深刻的印象。那时恰逢林先生正在编著《管理技术》、《品质管理》两书,我很荣幸的受邀写序,这两部书稿集林先生的理论修养与实务经验之大成,可操作性与指导性非常强,对比当时理论书籍占主流的书市,它们就像一股清流,令人手不释卷,我就预料它们会给中国大陆制造业产生深远巨大的影响。

事实证明我当时的预测是正确的,1996年至今,《管理技术》、《品质管理》销售量已超过100万册,被业界人士胜赞为"制造业管理的葵花宝典"。更可喜的是,后续林先生所指导的《福友现代实用企业管理书系》均秉承了务实、重操作性的风格,持续不断的对中国制造业管理人士发挥着重要的指导作用。

借此,逢林先生《管理技术》、《品质管理》改版之际,向先生祝贺,并希望中国大陆制造业管理人士继续加强学习,勤于实践,不断强化企业管理,提高产品质量、提升管理水平,从而增强企业体制,赢得更强的竞争优势。

中国质量管理协会

前理事长

站着睡觉的人

记福友企管林荣瑞总经理

献给每一位 站 着睡觉的人

有一种鸟
它飞来飞去，忙碌一天后
夜晚仍要站着睡觉
我们不知道，它在睡觉时
是不是还在思考
……………

这是一首诗，确切地说，是一首广告诗，她是来自台湾的林荣瑞先生和他的福友企业管理顾问有限公司员工敬业精神的写照。

林荣瑞先生早年曾在台湾、日本以及大陆的台资企业从事企业管理工作。几十年来，他从企业的课长、厂长、经理、总经理一路干下来，积累了丰富的企业管理的实践经验，熟悉国内外企业管理的共性与个性，加上他有深厚的企业管理的理论素养和良好的文字及演讲功底，因此，从台湾来到厦门的几十年里，林先生仆仆风尘于国内各地，深入企业指导、讲学，他所创办的福友企业管理顾问有限公司，在国内制造业中已久富盛气，前来请他为企业把脉诊断、开办讲座的人络绎不绝，每次见到林先生，他那儒雅风度中总是略带一点疲惫，嗓音沙哑，但正如他自己所说的，虽然相当辛苦，却也带来更多的满足。

第一次与林先生接触是在1995年，当时，林先生正准备出版他的《管理技术》、《品质管理》，他对厦大出版社情有独钟，准备将书稿投向我社，但我社在此之前对出版台湾作者的著作没有太大的把握，且当时国内对现代企业管理的重要性认识并不很趋同。作为责任编辑，我捧着林先生的一人捆书稿回家，当时正值放寒假准备过年，本来心

站着睡觉的人
记福友企管林荣瑞总经理

存懒散之意,并无心加班加点,不料阅读了他的书稿《管理技术》时,竟放不下来,一连几天没有离开稿件。一个如此"沉重"的课题,在林先生的笔下,却是纤陌清晰,井然有序又略带几丝轻松和幽默,真是一本好书。这是我的第一判断。

管理有没有技术,现在来看应不成问题。管理从理论到实践都是一门重要的学问。《管理技术》与一般的管理学书籍不同之处在于,不是洋洋洒洒大谈管理的深奥理论,也不引经据典讨论中外管理学的历史和现状。而是定位在企业第一线的管理者,他们可以是车间班组长、主任、厂长。将诸多的管理理论转变成"科学的管理技巧"及"可使用的管理工具"。书中通篇都是开宗明义,以简练的语言罗列要点,配以实用的表格和简短的说明,还插入许多风趣盎然的漫画,即使文化水平不高的读者也能从中得到启示。比如"开会"这样一种企业常见的管理行为,对中国人来讲,恐怕没有什么比它更熟悉的了。但如何开好会议,如何达到预期的效果,却没有更多的探究。如讲述"会议"时,将会议的设计、作用、类别、范围、目的、方法、纪律、发言要点、主持人须知等一一道来。我想,假如你明天要主持会议,今晚读一下这部分内容,肯定能增加你开好会议的信心。该企管系列就是通过许多这样的具体管理事项,许多我们可能习以为常却容易熟视无睹的管理工作,引导我们走向规范,提高我们的管理水平,这也许就是《管理技术》、《品质管理》自1996年出版至今,一直能深受读者欢迎,畅销不衰的原因。

站着睡觉的人

记福友企管林荣瑞总经理

献给每一位站着睡觉的人

在林先生主编的《管理技术》、《品质管理》中,有一种思想一直贯穿其中,那就是管理者的魅力作用。他认为,主管人员应该是个既会建立管理制度,又是充分利用管理制度及科学管理工具的能者。管理者要懂得用人之道,要懂得如何激活众人的智慧,要懂得如何透过自己的权力和能力,使企业员工从内心深处拥护和爱戴你。有了好的规章制度,有了员工的积极性,当老板的还要懂得责任要大家来分担的好处,就像书中所说,"如能再加上懂得授权之术,那才是个魅力十足、让人愿意矢志追随的领导者"。

林荣瑞先生对我经常讲的一句话就是"好东西要与好朋友分享"。他把自己的公司命名为"福友",就是"造福朋友"之意,更是取英文"for you"的谐音而成的。为了一种信念,林先生虽年过半百,但仍雄心勃勃,带领整个福友团队矢志不渝地奔波在各地讲学、著书、指导企业管理的工作中。林先生把那些整日为企业管理费尽心思,甚至不得不把睡觉的时间也挤来用的人称为"站着睡觉的人",其实,林先生自己不也正是这样一种人吗?

近年来林先生领导的福友企业管理顾问有限公司引进众多海外的经典管理书籍介绍给国内读者,形成一个响当当的品牌"福友现代实用企业管理书系";作为出版人,我与读者一样期待着能有更多更好的作品问世。

厦门大学出版社
社长 蒋东明

献给每一位站着睡觉的人

三版序

世界使用中国制造，中国制造需要中国品质！

福友企业管理顾问有限公司于1994年成立，是全中国最早成立的管理顾问公司之一。恭逢盛世，商机无限，12年来福友获得长足的进步与发展：企划出版了30余本被誉为"制造业管理经典用书"的"福友现代实用企业管理书系"、举办了上千场被赞为"制造业经典管理课程"的讲座、训练、辅导各类型企业2500家，受训人数超过50000人，成效卓著，被业界评价为"全中国最好的制造业管理顾问公司之一"。

尽管已小有成就，但肩负着重大的责任感与使命感的厦门福友企业管理顾问团队深深的感觉到要改善国内的管理现状，还有很长的路要走，尤其是在"品质"方面更需要有所作为 ——

众所周知，全球范围内都可以买到"Made in China"（中国制造）的民生用品。然而在欣喜的同时，必须清醒的认识到"中国制造"在很多时候只能是廉价品的代名词，除去成本、贸易、人文因素以外，福友顾问师这几年来深入祖国大江南北指导各类大中小型企业，凭心而论，看到不少企业在实际执行过程中离国际品质标准确实还有一定的距离。

从长远国际竞争力而言，更必须正视品质问题，近年来全民义务教育的推广，民众文化素质普遍提高，劳动力成本节节攀升，去年以来，华南华东甚至华北的部分地区还出现了"民工荒"，以往企业仰赖的低劳动成本低价格赢取竞争的"红海战略"必须转化，除创新之

三版序

外,推动全面品质管理,制造出既"价廉"又"物美"的产品,冲出零和游戏的竞争,转向"蓝海战略",已成为中国制造型企业赢得经济全球化趋势下的最佳竞争利器。

我自创办厦门福友企管顾问公司之始,便将"提升人的品质"作为本企业经营的宗旨,福友策划的第一本企管专著便是1996年本人编写的《品质管理》,被国内企业誉为"管理宝典";后续又陆续策划了《如何推行5S》、《SPC统计制程管制》、《品质管制大全》、《实用品质管理》等品管专著,将"基础却能治企业百病的品管良药5S"、"品质工作的成效在于制程中的统计控制 SPC"引进中国大陆,大大提升了受指导企业的生产力。

尽管福友目前的工作已有所成效,越来越多的企业管理者对品管的重要性有所体认,但不少国内企业对品质管理还停留在一时的观念追捧上,而没有真正的落实到实务工作中去,究其原因在于国内品管知识经验缺乏,不少人误将质检、认证等环节、片断当作"品管",以至于品管效果无法彰显,从而令企业管理者产生质疑,最终导致品质管理工作无法善终。

综合上述,可谓"路漫漫其修远兮,吾将上下而求索!",因而我们将2005年定义为 "福友品质元年";我们更清楚的认识到,要尽快改善国内品质现状,单单靠一己之力是不够的,还需要整合各方面的力量来共襄胜举:2005年始,将陆续引进日本、台湾更多的品质管

献给每一位站着睡觉的人

三 版 序

理经典书籍,并配合训练课程推广到大陆,以尽快普及正确的品质理念、做法,迅速提升国内品质水准。

福友有信心,也愿以此发出呼吁,假于时日,"中国制造"定将成为"高品质"的代名词,国人也定将以此为荣,大陆企业将以此赢得世界市场。

福友承诺——
　　与您分享的绝对是好东西!

柿荣瑞
中国·厦门

※※※※※※※※※※※※※※※※※※※※※※※※※※※※※※

※ 厦门公司
※ 电话:0592-2395581
　 传真:0592-2396530/2395580
※ 邮箱:厦门市0411信箱(361004)
　 E-mail:xm@foryou.tw.cn
　 地址:厦门禾祥西路4号鸿升大厦15楼

※ 泉州公司
※ 电话:0595-22160010
　 传真:0595-22160012
※ E-mail:qz@foryou.tw.cn
　 地址:泉州市泉秀路农行大厦24D

※ 苏州公司
　 电话:0512-68294860
※ 传真:0512-68294859
　 E-mail:sz@foryou.tw.cn
※ 地址:苏州市干将西路515号佳福国际大
　　　　厦1505室
※

※ 宁波公司
　 电话:0574-87856585
※ 传真:0574-87856586
　 E-mail:nb@foryou.tw.cn
※ 地址:宁波市江东区百丈路168号会展中心大
　　　　厦22-C
※

※ 青岛公司
　 电话:0532-80990086
※ 传真:0532-80990087
　 E-mail:qd@foryou.tw.cn
※ 地址:青岛市市南区山东路10号江山帝景北楼
　　　　1-15F
※

http://www.foryou.tw.cn

※※※※※※※※※※※※※※※※※※※※※※※※※※※※※※

《品质管理》

目 录

献给每一位 站 着睡觉的人

第一篇　认识品质管制 .... 1 – 26
　　一、品质－企业致胜的利器 .... 03 – 05
　　二、品质管制的定义 .... 05 – 07
　　三、品质管制演进史 .... 09 – 10
　　四、如何管理品质 .... 11 – 13
　　五、如何控制不良的来源－变异 .... 14 – 18
　　六、防止不良的要决 .... 20 – 26

第二篇　品管应用手法 .... 27 – 108
　　一、层别法 .... 29 – 31
　　二、柏拉图法 .... 32 – 36
　　三、特性要因图法 .... 38 – 42
　　四、实验设计 .... 42 – 45
　　五、散布图法 .... 46 – 48
　　六、查核表 .... 48 – 50
　　七、直方图法 .... 51 – 58
　　八、分布图法 .... 59 – 64
　　九、管制图法 .... 64 – 77
　　十、推移图法 .... 79 – 83
　　十一、抽样计划 .... 85 – 92
　　十二、品质成本 .... 93 – 99
　　十三、制程流程图 .... 99 – 102
　　十四、IE 方法研究 .... 104 – 108

第三篇　工厂检验制度设计与应用 .... 109 – 162
　　一、品管组织与工作职掌 .... 111 – 115
　　二、作业标准与检验标准 .... 115 – 121
　　三、检验制度 .... 123 – 124
　　四、进料检验与供应商 .... 124 – 133
　　五、制程巡检与线上检验 .... 135 – 142
　　六、出货检验与品质稽核 .... 143 – 148
　　七、品质工程与不良改善 .... 150 – 159
　　八、操作者自主管理 .... 160 – 161

第四篇　全员参与全员改善 .... 163 – 220

《品质管理》

目 录

- 一、品管圈（QCC） .... 165－175
- 二、提案改善制度 .... 177－184
- 三、整理整顿与 5S 活动 .... 186－219

第五篇 品质管制教育 .... 221－236
- 一、品管教育之实施 .... 223－232
- 二、品质－永无止境的追求 .... 234－236

第六篇 服务业的品管 .... 237－254
- 一、服务业的兴起 .... 239－240
- 二、服务业的品质 .... 241－242
- 三、企业形象与员工培训 .... 242－244
- 四、人际关系 .... 244－245
- 五、制造业的服务意 .... 245－248
- 六、成功的典范 .... 248－253
- 七、展望未来的服务业 .... 253－254

第七篇 品质管制制度评鉴 .... 255－266

第一篇

认识品质管制

一、品质——企业致胜的利器

二、品质管制的定义

三、品质管制演进史

四、如何管理品质

五、如何控制不良的来源——变异

六、防止不良的要诀

我们都想「明天会更好」。

一、品质——企业致胜的利器

近几年来，美国与日本的贸易磨擦愈演愈烈，贸易战争甚至有一触即发之势。的确，若在30年前，谁也不敢相信，日本汽车在世界汽车市场上蚕食鲸吞，打得美国汽车节节败退，美国这个世界超强巨人只得口口声声，祭出301报复条款，事实上连美国人都有知道，日本自他们手中纺织、电子、钢铁、造船、汽车，王牌一张张的易手，所凭借的就是"品质。"

60年代以前，日本产品在欧美市场，代表的是低品质产品，事隔30年，日本产品俨然摇身一变成为"高品质"的代名词。

1950年，美国品管专家戴明博士（W.Edwards Deming）应邀到日本讲授品质管制，课程以抽样计划与管制图为主，课程内包括了许多统计原理与方法，在美国的企业已使用将近百年的时间，但大部分仅局限于工程师在使用。在日本不但技术人员学习使用，他们更把这些方法很技巧地传授给基层的操作人员,,让他们自己能够找出影响品质及生产力的问题，并用简单的统计手法，进行改善游戏，这可说是日本产品后来居上的关键所在。

不过，统计品管，（SQC）在日本企业界的广泛应用并不是日本产品品质第一的唯一因素，这还要加上日本的企业重视基层人员的文化特质，愿意在他们身上投资进行品质教育及培训，然后给他们更大的工作挑战空间，一方面磨练自己，一方面改善工作。

曾经有这么一个故事:在美国有一个家庭主妇买了一包新上市的

桂格麦片粥，第二天尝了以后，感觉不满意，于是她就依美国的消费者保护法令，对于这种不满意的产品要求退款。在她把抱怨信寄给桂格公司后，她又再尝了一次，发现其实也还可以，但在这个时候桂格公司却寄来了一张退款支票，并附上了很诚恳的道歉涵，为他们的产品不合口味而道歉，并欢迎继续试用其他产品。这样一来她倒是感觉不好意思，又再写了一封信告诉桂格公司，她现在蛮喜欢这个产品的，并且也退回了退款支票。然而桂格公司却寄来了更多免费的新产品，同时征求她把这个情况刊登在公司的刊物上。如此一来桂格公司保住了一位老顾客，却由这位老顾客的故事，吸引了更多的新顾客。

所以说，不光是产品的品质要好，服务的品质也要跟上，你的产品，才有机会在市场上成为"知名产品"。

有经验的管理专家一致认为，"品质是拉住客户最有效的利器"。事实上道理很简单，客户购买你的产品，他要的也是"利益"，而是能力提供稳定可靠的产品品质，事实上也等于提供给客户稳定可靠的利益。

市场的竞争愈来愈激烈，"品质"一词已是大家均有的共识，然而对品质的期待已早已不再局限于产品的品质，对于服务的品质，甚至于企业形象的品质，已经形成了企业永续经营的重要条件了。

还有，不少的企业主管，早就意识到"追求品质"乃是企业建立竞争优势的关键性因素，因之也导引着企业，并动员全体员工，不断地训练，不断地改善，朝"追求品质"的目标迈进。

追求品质并不准，美国近代品管大师克劳斯比（P.B.Crosby）告诉我们三要：

1．要下定决心

上自最高主管，下至每一个基层员工，下定决心，提升品质。

2．要教育训练

有决心还要具备能力，能力则来自于不断的教育训练。

3．要贯彻执行

全体动员，进行品质活动。

二、品质管制的定义

近代工业生产，都希望以最经济的方法生产出让顾客满意的产品。为了达到此一目标，风起云涌地在企业内推行品质管制。有人认为品质管制就是产品检验，也有人说是使用统计方法，这些说法均不完整，我们来看看对近代品质管制影响甚大的几位品管大师如何说：

1．朱朗

品质管制是先制定的标准，及为了要让生产的产品达到所制定的标准所使用的一切方法。而统计品质管制是在品质管制中应用统计方法为工具的基础部分。

2．戴明

统计的品质管制，是在生产的各个阶段里，都能应用统计的方法，使其能产出用途最广、销路最好的产品。

3．费根堡姆

把组织内各部门的品质发展、品质维持及品质改进的各项努力，综合成一个有效的制度，使生产及服务均能以最经济的水准，并使顾客满意。

4．石川馨

所谓品质管制，即将购买者所满意的最经济最实用的制品，加以开发、设计、生产、销售、服务。而必须结合公司内的经营、制造、工场、技术、研究、计划、调查、事务、资材、仓库、销售、营业、庶务、人事、管理部门等通力合作，创造出合适的工作组织，以及物理、化学、电气、机械等固有技术，并利用标准化自动化、设备管理、计测管理及 OR、IE、MR 等手段加以灵活应用，始能达成目的。

5．JIS《日本工业规格》

品质管理即是为了符合顾客要求的品质的产品，并且是用一种经济的方法来生产的体系。也就是说：

(1) 品质合于顾客要求的产品；

(2) 经济的方法来生产；

(3) 一种手段体系。

从上述几位品管大师及《日本工业规格》对品质管制下的定义里归纳出来的结论是：

① 品质管制是一种新的经营管理方法，是经营的思想革命；

② 品质管制将公司内还未协调的各种管理活动综合成一个整体的管理体系；

③ 品质管制是管理工具，借此授予品质管制方面的职权与责任，以解除管理上的不必要细节，而全力于品质保证的工作；

④ 品质管制是指发展，维持及改进产品品质的管理范围；

⑤ 品质管制是集合全公司全员的智慧与经验，活用组织体系，促进企业内所有的人、事、物的改善，而达到最经济的生产，满足顾客的需求。

※※※※※※※※※※※※※※※※※※
※　　　品质 — 企业未来决战场。　　　※
※※※※※※※※※※※※※※※※※※

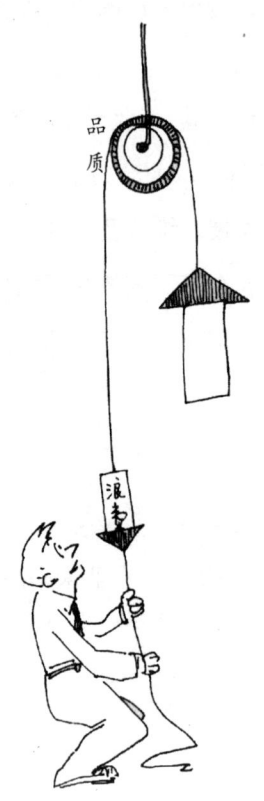

品质 —— 减少浪费,提高生产力手段。

三、品质管制演进史

学习品管,应先了解品质管制的进化史。

第一阶段:操作者品质管制

18世纪,产品从头到尾,由同一人负责制作,因此产品的好坏也就由同一个人来处理。

第二阶段:领班的品质管制

19世纪开始,生产方式逐步变为将多数人集合在一起,而置于一个领班的监督之下,由领班来负责每一个作业员的品质。

第三阶段:检查员的品质管制

一次大战期间,工厂开始变得复杂,原有的一个领班除了要管理大量的工人以外,还要负责管理品质,显得力不从心,因而发展出指定专人来负责产品检验。

第四阶段:统计品质管制(Statistical Quality Control,SQC)

从1924年美国W.A.SHEWART利用统计手法提出第一张管制图开始,从此的品质管制进入新纪元。此一时期抽样检验亦同时诞生。1950年戴明博士到日本指导各企业以管制图及抽样检验为主要手法,获取辉煌的成果。SQC的使用也是近代管理突飞猛进最重要的原因。

第五阶段：全面品质管制(Total Quality Control, TQC)

全面品管是把以往的品管的做法前后延伸至市场调查、研究发展、品质设计、原料管理、品质保证及售后服务等各部门，建立品质体系。此体系可说是专家式品管，较着重理论研究。

第六阶段：全公司品质管理(Company Wide Quality Control, CWQC)

日本的全公司品质管理有别于美国的TQC，称为CWQC。从企业经营的立场来说，要达成经营的目的，必须结合全公司所有的部门的每一个员工，通力合作，构成一个能共同认识，易于实施的体系，使自市场调研、研究、开发、设计、采购、制造、检查、销售、服务为止的每一个阶段，均能有效管理，并全员参与，即为CWQC。

第七阶段：全集团品质管制(Group-Wide Quality Coutrol, GWQC)

结合中心工厂、协力工厂、销售公司成一个庞大的品质体系，即GWQC。

四、如何管理品质

1．重视制度，实现标准化

在公司组织内，应给予品管部门一级部门的位阶，并明订品管部门工作职责及动作系统。

2．重视执行

品质管理涵盖4个步骤：

(1) 制定品质标准；

(2) 检验与标准是否一致；

(3) 采取矫正措施并追踪效果；

(4) 修订新标准。

尤其第(3)项重在执行。

3．重视分析

近代品质控制应用突飞猛进，主要得力于统计分析手法的应用。企业的品质要做好，应配置对品管手法熟练的人员。

4．重视不断的改善

品质管制在于三个层次：

(1) 品质开发；

(2) 品质维持，

(3) 品质突破。

借标准化维持品质,借不断的改善来突破品质,以达到提高品质、提高效率、降低成本的目标。

5．重视教育训练

品质管制的成败植基于品质意识及危机意识。品管人员及全体员工应经常有计划地接受品管训练,推行品管方易凑效。

6．改善循环与维持循环

图表1-1 改善循环与维持循环

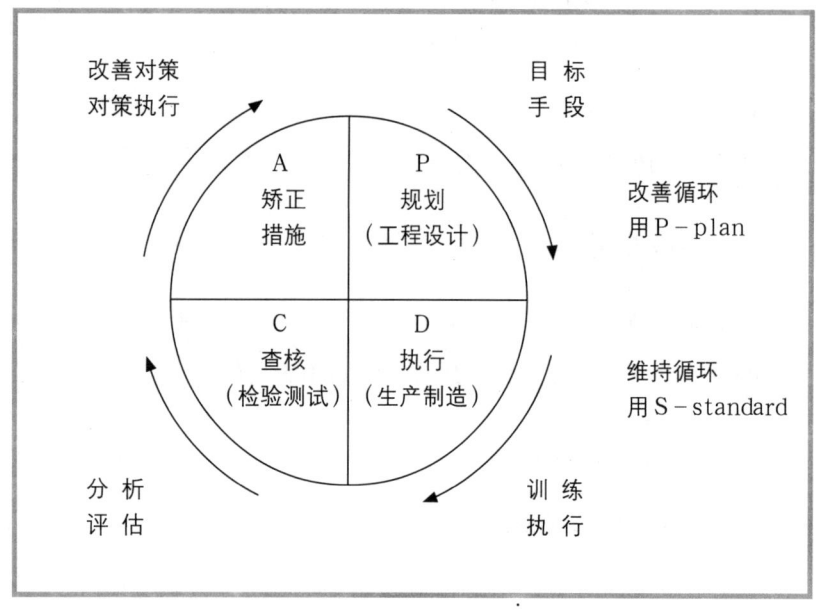

7. 制定企业"品质月"活动

凭借着企业品质月活动，自供应商至客户联成一个大的"生命共同体"，并一波一波推动品管相关活动，使之成为企业改造运动，变成一种风气。

8. 推行5S运动（整理、整顿、清扫、清洁、素养）

因为它是养成"好习惯"，摒弃"草率"，建立"讲究"的基础工程，也是做好品管工作、提高工作效率、降低生产成本的先决条件。

9. 高层主管的重视

高层主管重视什么事情，下属员工也会跟着关心什么事，这是很自然的。有些企业老板们的发货概念是出了这一批货，他就可赚多少钱。在这种心态的指引下，他给下属带来的信息是"出货优先"，其他再考虑，也有更多高明的老板，他的考虑是每向顾客发一批货，他能保证带给顾客多少利益。不同的思维产生不同的做法，前者是精明，后者是高明，当然会影响下属的行动准则。

※※※※※※※※※※※※※※※※※※※※
※　　　　　　　　　　　　　　　　　　　　※
※　　抓住客户最有效的利器 —— 稳定的品质　　※
※　　　　　　　　　　　　　　　　　　　　※
※※※※※※※※※※※※※※※※※※※※

CWQC	
	1996年
(Company Wide Quality Control)	本公司推行目标

受到顾客的满意与喜欢就是「好品质」。

五、不良的来源——变异

在工厂里，通过对产品或材料的检验，将超出要求标准（不良品）的予以分类集中，此为控制不良品（料）流入次工程的一种手段。

从前品质管制未盛行的时候，人们把剔除不良品视为一种浪费，为了赶上所谓"科学管理"的潮流，建立了"检验制度"，不良品的剔除，便成了习惯，如此的品管，只知剔除不良品，而未能进一步采取防止不良产生的措施。犹如足球队员，将球攻击到对方的球门附近就停止，缺了临门一脚，实在可惜。

到底不良品是如何造成的呢？应如何处置，才能彻底解决而一劳永逸呢？任何不良品的产生，必然存在着某些原因，如果能发现并消除这些原因，就不会再产生不良品了。的确，无论是何种类型的产品或何种生产方法，引起不良的原因是无所不在的。"变异"(VARIATION)正是原因之所在。

1. 变异的来源

变异是宇宙现象，人类生活中任何过程都会有变异。变异大，可以看出来，变异小，无法目视判别。

假如由生产线随机取出数个产品，测量产品的某些特性质，如果测量仪器足够精确的话，必将发现这些产品的测量值各不相同。

下面两图表示变异的来源，这些来源的总影响，形成产品之间的变异。

图表 1-2

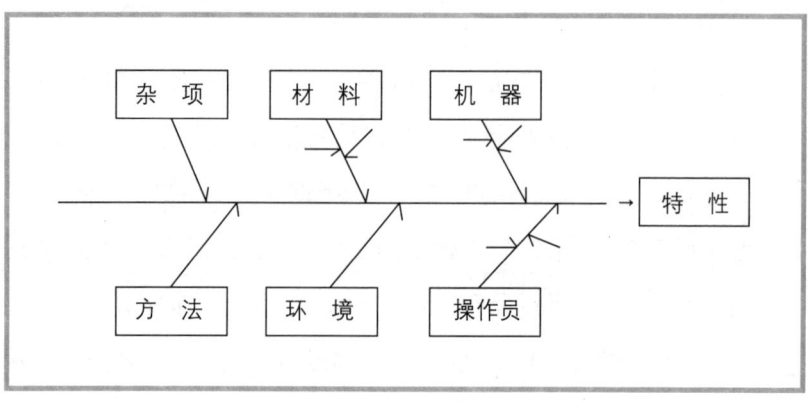

图表 1-3 特性要因图

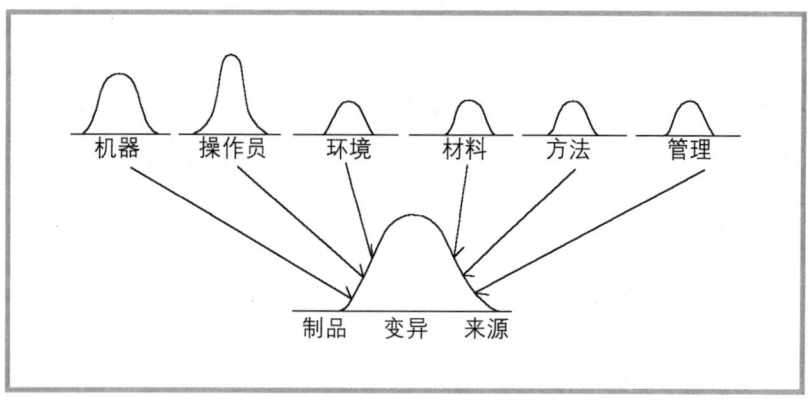

任何一个与制品有关的因素变动，制品（结果）也就随之变动，因素变动的大小，制品的特性（结果）也随之大小而变动。

(1) 变异来源——机器

如：切割机器刀具锋利度

　　冲压机冲程可能的变动

　　电镀处理液的变动

　　空压机气压的品质

(2) 变异来源——材料

如：供应厂商更换

　　材料（部件）替换

　　材料机械性质或化学性质的变动

　　材料尺寸变动

(3) 变异来源——方法

如：流程的变更

　　作业方法的变更

　　工具、夹具不当

(4) 变异来源——操作员

如：操作员熟练度

　　操作员习惯性

　　操作员有没有依照操作标准作业

　　操作员的体力与情绪

　　操作员的工作场所及使用工具

(5) 变异来源——环境因素

如：电源稳定度

水质稳定度

温度、湿度

空气粉尘

照明度

地板及工作场所清洁

工作场所物品的摆放

(6) 变异来源——管理因素

如：紧急订单比例多

机种更换频繁

人员流动频繁

设计不妥当

2．变异的归类

(1) 机遇性原因（经常性问题）

这类问题属于系统问题，如环境因素、管理因素。如一个人的体温，在正常情况下会在0.5度左右上下起伏不变动，这个变动是可以接受也不易防止的。

(2) 非机遇性原因（偶发性问题）

如模具突发故障所引起的产品不良。此类型变因是假如有去注意应该可以发现的，也是制品不稳定的来源，而且是容易控制的。

第一篇　认识品质管制

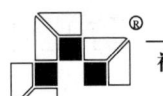

福友现代实用企管书系
FORYOU MODERN PRACTICAL
ENTERPRISE MANAGEMENT BOOK SERIES

品质是管理出来的。

六、防止不良品的要诀

笔者自从事企业管理以来，经历了电子、机械甚至包括眼镜行，每个行业的特色，但是有一点共同的就是对每个人才与品质的坚持。在经历了长时间的印证后，也可以说效果相当令人鼓舞。然而品质的支持就得先求稳定，而要有稳定的品质，当然得从产生不良的变异来加以预防及控制。

30多年来负责过不少的企业，我不加思索地从人及品质着手，当然，以人为本的经营管理及以品质为企业后盾的经营战略，也就变成了我到处促销的产品。防止不良有没有秘诀？有不少的人提出了甚多如何防止不良的神话，事实上天下没有白吃的午餐，任何不良的防止，均是要点点滴滴地去做，而且要彻底地执行。

美国品管专家戴明博士曾经明白地指出："注重工作绩效，尤其是通过统计方法来管制品质，是日本的产品品质优异的所在，任何国家除非学会这一套统计方法。否则很难与其匹敌。"

当然，戴明博士也只能点出其中做好品质的关键要素，在进行品质活动的过程中，下面几点是各阶层的管理人员应全力以赴去对待的：

1. 稳定的人员

人员流动高低，往往可以反映员工对企业的认同程度，尤其高人员流动率的企业，一切成长的条件，将随着人员的流动而流失。品质亦是如此。试想一个新进的人员，除了因工作熟练度差而效率低下外，还有对于机器，工具的不了解，对材料的不了解，对作业方法的不熟练，对产品品质的要求也不认识等太多变因的存在，我们又如何能希望从他们身上取得稳定的品质呢？就是有，也得付出事倍功半的代价。

甚多的企业对于人员的流动，只会感到困扰，而却不有效地采取"堵流"措施，实在是影响企业成长最大的障碍。

稳定人员，说易行难。但是假如各阶层的主管能以"我心中有你"的态度对待下属，自然易于培养"你心中有我"的工作情感。试想恋爱中男女，容易分开吗？

现代的人都比较务实，除了要感觉"有我"的存在外，往往得需要有实际的行动，这些行动就是所谓的"激励措施"。在笔者另一部《管理技术》内，对激励管理的技术有作较深入的介绍，在此不另论述。

2．良好的教育训练

企业需要的是既快速又稳定的成长，其关键则在于企业的"人"。

若人员能稳定，当然就可以逐步地熟练工作，累积经验以至于熟能生巧。然而这一条"自我摸索"的路太远了，现代是科学管理时代，讲究的是快速的技巧。

在电饭锅及煤气炉还未发明前，记得小的时候在农村，做饭烧菜均使用木柴烧火的炉社，烧起来很慢，父母亲就我们用扇子来送风，使柴火烧起来较快，饭菜做起来也就较快了。企业管理亦是一样。如何使企业内的每一个成员，对于工作能更有效率及更高品质地来完成，一套良好的教育训练计划实为不可或缺。

现代的企业管理讲究的是多元的专业化,每一项工作均有它的专业知识及理论基础。如何将这些专业知识及理论基础演化为实用性的技巧,则需要由具有理论基础及专业经验的人来进行,也才能尽快地填补企业内成员工作经验的不足及理念上的差异所造成的沟通协调的困难。

经常会听到企业内的各层主管抱怨:我们每天那么忙,哪有时间做教育训练。事实上就是因为有这样的错误观念,才易造成企业成长的瓶颈。

如何进行科学的教育训练及工作教导,本人另一本著作《管理技术》有详细的介绍,读者可以参阅。

3. 建立标准化

标准化,也可说是种制度,或是说规定,或工作规则,更是工作方法。

所有的工作,在执行过程中变数均很多,尤其是人的变异。

人的变异包括:换了不同的人,或同一个人也会产生不同的思考方法及工作方法。

变异是所有不稳定的主要来源,而变异又分为不易避免的(机遇性的变异)及可以避免的(非机遇性变异)例如某甲因做这个工作时间久了,累积了一些工作经验,他就有他的工作方法。而等到某乙来接替同样的工作时,因缺乏经验,又没有工作标准可依循,只得凭主管在交付工作时简单交待,当然剩下的只有靠自己去摸索了。类似这种情况比比皆是。但是又有多少管理人员能去考虑后果，或者采取行动来改进这种情况所产生的不稳定呢？

标准化的作用主要是把企业内的成员所累积的技术经验，通过文件的方式来加予储存，而不会因为人员的流动，整个技术就跟着流失；更因为有了标准化，每一项工作就是换了不同的人来操作，也不会因为不同的人而出现太大的差异。

因之建立工作标准，才是维持工作稳定，从而稳定品质的最彻底的工作。

事实上，企业要成长，就得先求稳定，没有稳定的条件，而硬是强迫成长，也是许多企业经营不善，管理不善的重要原因。

如何建立工作标准？在本书内有介绍生产企业的作业标准及检验标准的做成方法。只要下定决心，其他的标准亦可逐步建立，企业内的运营自然可以逐步的从"人治"转变为"法制"（依制度动作了）。

时下推行品质管制很流行的ISO9000系列，主要的精神即在于"是如何做的就把它写出来，写出来的就依照写出来的去做"。此也就是标准化最佳的诠释了。

4．消除环境乱象

工作场所"脏乱"，代表的是效率低落，品质不稳定及种种的浪费。

脏乱指的是机器摆放不当及缺乏保养整理，工具、夹治具的放置及整理，材料、半成品、成品、待修品、报废品的放置及处理，工作台、办公室的整理；地上及通道紊乱摆放及不干净。

因为脏乱，就会衍生许多工作困扰，要消除困扰，就得从最基础的消除脏乱着手。

每个人都知道，做事不讲究，即无法得到高品质的产品，而工作场所脏乱，即是做事不讲究的最明显代表。

近代日本管理专家提出了一道消除脏乱的良方，就是推行"5S活动"。我们也确信，有决心能持续地推行5S活动的企业，它能得到意想不到的效果，当然也包括品质在内。

工作场所脏乱，所产生的制品通常是不稳定的，反过不说干净清爽的工作场所，其产品又是如何呢？我们可以自找答案。

脏乱虽然不是影响品质的绝对因素，但从实际的例子中，又不得不相信它有重大的因果关系。

5．统计品管(SQC)

前面谈到戴明博士对日本的产品品质何以脱颖而出作了一个剖析，认为最主要得自于统计品管的广泛应用。的确，日本企业将统计的手法普遍地教导给公司的员工，不但工程师使用统计手法解决问题，现场最基层的操作人员也学会有品管圈(QCC)的活动，如何应用统计的手法，分析不良的原因，寻找解决问题的对策。

传统的品管方法是对产品进行检验，让良品继续流向次工程，而将不良品予以剔除，并进行整修或报废处理。这种做法只能到被检验产品的品质信息，而对于产品的品质改善却没什么意义。

应用统计原理来进行产品品质及服务品质的改善，可以说是品质管制在近代获得突破的主要原因。统计原理衍生出许多改善工具。这些改善工具在企业内是否有效甚至广泛地被应用，实在也是衡量一个企业科学管理进行的尺度。

统计方法的使用，是本书的主轴，将在后续详细的介绍。

再强调，统计品管（SQC）的导入应用，是摆脱传统的品质检验的重要契机。

6．稳定的供料厂商

更好的技术，再好的机器设备，假如缺乏良好稳定的材料来配合，还是难以生产良好又稳定的产品的，由此可见材料的重要性。

甚多的企业主管有这么一种偏见，认为材料是愈便宜愈好，材料愈便宜，物料成本就低，整个制造成本就跟着降低，所以就一意地追求便宜的物料，今天向甲供料商买，下个月也许因为乙供料商较便宜就毫不犹豫地转向乙供料商采购，如此地做下去，自认为很精明，其实不见得高明。

频频更换供料厂商，物料缺乏一致性，当然就会不稳定，低价购买的物料往往是低品质或较不稳定的物料。试想缺乏一致性或低品质的物料，除了产出低品质的产品外，"品质成本"更会大幅增加。减少有限的制造成本，而增加大幅的品质成本，不只利润减少，对产品形象及企业形象更是损失，这也就是"精明"与"高明"差别之所在了。

既然要有稳定的供料厂商，就得从慎重的甄选供料厂商开始。如何甄选厂商？本书后续有专文介绍，在此不再论述。

7．完善的机器保养制度

产品靠机器生产，机器有精度与寿命，机器就像人的身体一样平常得注意保养，身体不保养健康就差，同样的机器不注意保养，机器精度及寿命跟着下降，制品品质跟着没有保障。

以上的7点，若企业内有决心去做，则品质的问题大致上就解决一半了。

※※※※※※※※※※※※※※※※※※
※　　我们的宣言：不做不良品。　　※
※※※※※※※※※※※※※※※※※※

※※※※※※※※※※※※※※※※※※
※　　　　　　　　　　　　　　　　※
※　客户对你的产品从不挑剔，请别高兴过早，假如　※
※　　　　　　　　　　　　　　　　※
※　对产品，经常提出缺点建议，则应心存感激，因　※
※　　　　　　　　　　　　　　　　※
※　为它是促使你把产品做得更好的动源，别人原地　※
※　　　　　　　　　　　　　　　　※
※　踏步，安于现状，你却不断的追求改善，你就有　※
※　　　　　　　　　　　　　　　　※
※　机会脱颖而出了。　　　　　　　　※
※　　　　　　　　　　　　　　　　※
※※※※※※※※※※※※※※※※※※

第二篇

品质应用手法

一、层别法

二、柏拉图法

三、特性要因图法

四、实验设计

五、散布图法

六、查核表

七、直方图法

八、分布图法

九、管制图法

十、推移图法

十一、抽样计划

十二、品质成本

十三、制程流程图

十四、IE方法研究

品质 — 企业未来的决战场。

2000年企业大会战

一、层别法

层别法是所有手法中最基本的概念，亦即将多种多样的资料，因应目的的需要分类成不同的"类别"，使之方便以后的分析。

一般的工厂所做的层别通常为"空间别"，如

作业员：不同班组别

机器：不同机器别

原料、零件：不同供给厂家

作业条件：不同的温度、压力、湿度、作业场所

产品：不同产品别

不同批别：不同时间生产的产品

图表 2-1 层别法

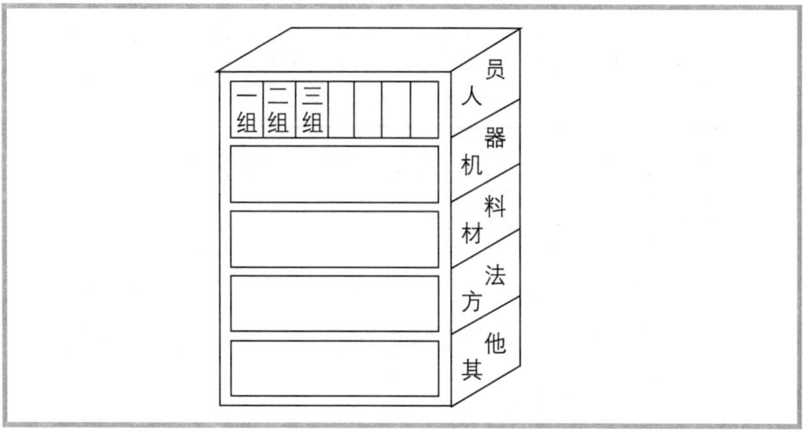

将所要进行的项目利用统计表进行区别，这是运用统计方法作为管理的最基础工具。

范例1：

在学校里某一个学生考试成绩5科总分为440分，各科（分类）成绩如下：

语文95分，英文92分，数学90分，历史85分，地理78分，加以分类后，可得的哪一科最高，哪一科最低，易于采取因应措施。

范例2：

××公司注塑机是三班轮班，前周三班所生产的产品均为同一产品，结果为

图表2－2

班别 项目	A	B	C
产量（件）	10000	10500	9800
不良率（%）	0.3	0.4	0.2

以班别来加以统计，可得知各班的产量及不良率状况，以便于有依据地采取措施。

层别法的应用，主要是一种系统概念，即在于要想把相当复杂的资料进行处理，就得懂得如何把这些资料加以有系统有目的加以分门别类的归纳及统计。

科学管理强调的是以管理的技法来弥补以往靠经验靠直觉判断的管理的不足。而此管理技法，除了建立正确的理念外，

更需要有数据的运用，才有办法进行工作解析及采取正确的措施。

如何建立原始的数据及将这些原始数据依所需要的目的进行集计，也是诸多品管手法的最基础工作。

再举个例子：

国内航空市场近几年随着开放而竞争日趋激烈，航空公司为了争取市场，除了加强各种措施外，也在服务品质方面下功夫。我们也可以经常在航机上看到客户满意度的调查。此调查是通过调查表来进行的。调查表的设计通常分为地面的服务品质及航机上的服务品质。

地面又分为订票、候机；航机又分为空服态度、餐饮、卫生……等。

通过这些调查，将这些数据予以集计，就可得到从何处加强服务品质了。

二、柏拉图

在工厂里，要解决的问题很多，但往往不知从哪里着手，但事实上大部分的问题，只要能找出几个影响较大的要因，并加以处置及控制，就可解决问题的80%以上。柏拉图是根据归集的数据，以不良原因、不良状况发生的现象，有系统地加以项目别（层别）分类，计算出各项目别所产生的数据（如不良率，损失金额）及所占的比例，再依照大小顺序排列，再加上累积值的图形。

柏拉图是美国品管大师裘兰博士（Joseph Juran）运用意大利经济学家柏拉图（Pareto）的统计图加以延伸所创造出来的。

在工厂或办公室里，把低效率、缺点、制品不良等损失按其原因别或现象别，也可换算成损失金额来表示，以金额顺序大小排列，对占总金额的80%以上的项目加以追究处理，这就是所谓的柏拉图（Pareto）分析。

柏拉图法的使用要以层别法的项目别（现象别）为前提，依经顺位调整过后的统计表才能画制成柏拉图。

柏拉图分析的步骤：

- 将要处置的事，以状况（现象）或原因加以层别；
- 纵轴虽可以表示件数，但最好以金额表示比较强烈；
- 决定搜集资料的期间，自何时至何时，作为柏拉图资料的依据，期间尽可能定期；
- 各项目依照合计的大小顺序自左右排列在横轴上；
- 绘上柱状图；
- 连接累积曲线。

范例1：

某部门将上个月生产的产品做出统计，总不良数409个，其中不良项目依次为：

图表2－3　层别统计表

顺位	不良项目	不良数（件）	占不良总数比率（%）	累积比率（%）
1	破　损	195	47.1	
2	变　形	90	21.7	68.8
3	刮　痕	65	15.8	84.6
4	尺寸不良	45	10.9	95.5
5	其　他	19	4.5	100
合计		414	100	

图表2－4

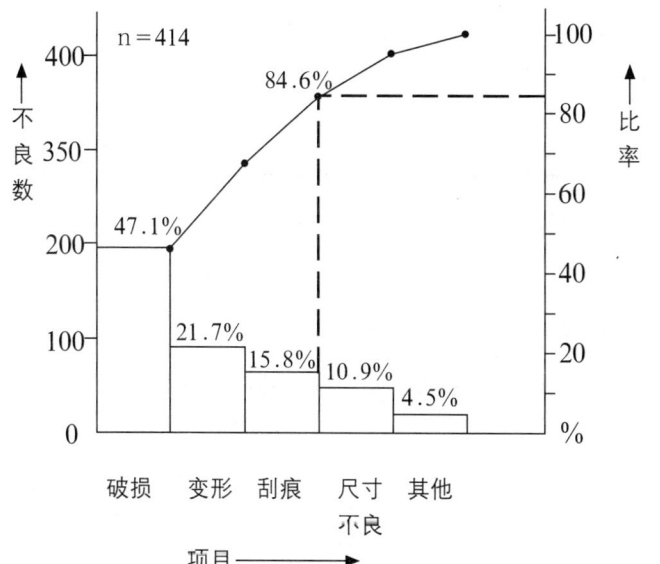

由上图可以看出,该部门上个月产品不良最大的来自破损,占了47.1%,前三项加起来超过了80%以上,进行处理应以前三项为重点。

范例2:

沿上题鉴于主要不良项目为破损,此破损为当月份生产许多产品的破损总和,再将产品用柏拉图法分析如下:

破损不良数=195件

产品别依次为:

图表2-4 层别统计表

顺 位	不良项目	不良数(件)	占不良总数比率(%)	累积比率(%)
1	A	130	66.7	
2	B	35	17.9	84.6
3	C	10	5.1	89.7
4	D	8	4.1	93.8
5	其他	12	6.2	100
合 计		195	100	

在上个月的产品中,光是A产品在破损这一项就占了整部门的47.1% × 66.7% = 31.4%。在进行消灭不良的活动中,即以此项为第一优先对象。

A产品+B产品两项合计超过80%,故A、B产品为重点处理产品。

图表 2－5

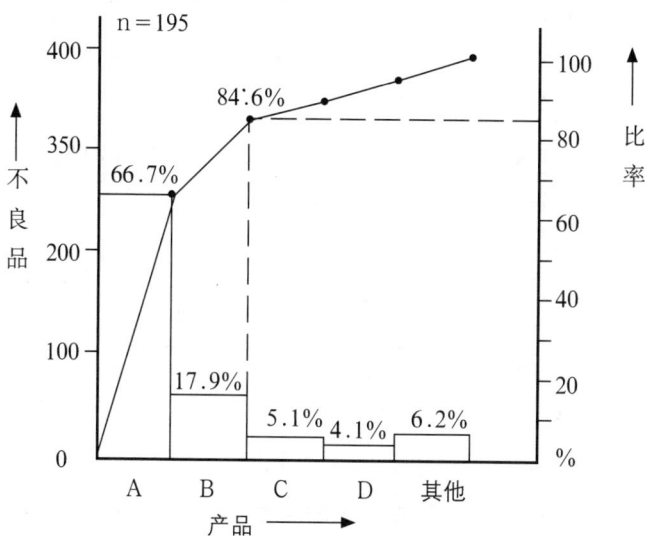

范例 3：

某纸业公司在年底将本年度内的品质损失进行统计分析。依项目别（层别）统计如下，其中光是第一项损失，就占了整个总损失，就占整个总损失的 55.2%。

图表 2－6

顺位	不良项目	年度损失额（万元）	损失百分比（%）	
			本项目	累计
1	破 损	55	55.2	
2	变颜色	22	22.1	77.3
3	包装污损	7.8	7.8	85.1
4	张数不齐批	6.7	6.7	91.8
5	其 他	8	8.0	100
6	合 计	99.5	100	

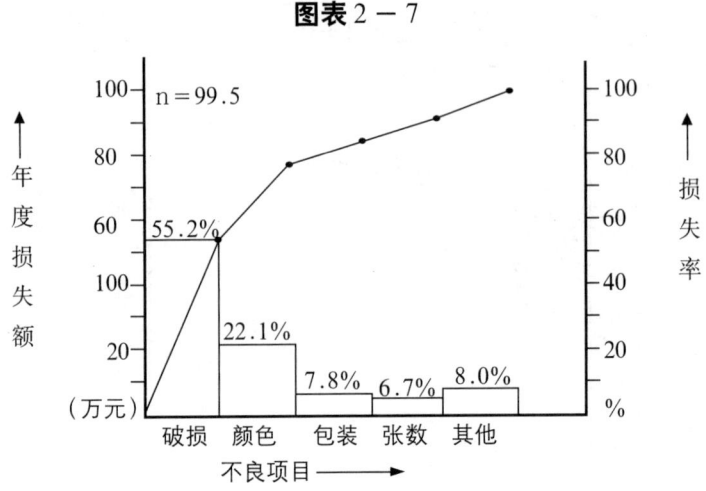

图表 2－7

随着交通及电子媒体的愈来愈发达，人与人之间的距离感觉愈来愈短，许许多多的事情也愈来愈复杂。一个管理人员面临千头万绪的工作，总是有顾此失彼、穷于应付之感，以致造成许多的"盲乱"，工作缺乏效率。

柏拉图法（重点管理法），提供了我们在没法面面俱到的状况下，去抓重要的事情、关键的事情，而这些重要的事情又不是靠直觉判断得来的，而是有数据依据的，并用图形来加强表示。

在这个快步调的时代里，人们喜欢也习惯于快速地去思考事情及解决问题。假如能将平日累积的工作经验融入此重点管理法中，对于问题的处理及解决，往往是一劳永逸的。

也就是层别法提供了统计的基础，柏拉图法则可帮助我们抓住关键性的事情。

这一结果到底是哪些原因造成的?

三、特性要因图

所谓特性要因图，就是将造成某项结果的众多原因，以系统的方式图解，亦即以图来表达结果（特性）与原因（要因）之间的关系。因其形状像鱼骨，又称"鱼骨图"。

"某项结果的形成，必定有其原因，应设法利用图解法找出其原因来。"首先提出这个概念的是日本品管权威石川馨博士，所以特性要因图又称"石川图"。特性要因图，可使用在一般管理及工作改善的各种阶段，特别是树立意识的初期，易于使问题的要因明朗化，从而设计步骤解决问题。

图表 2－8

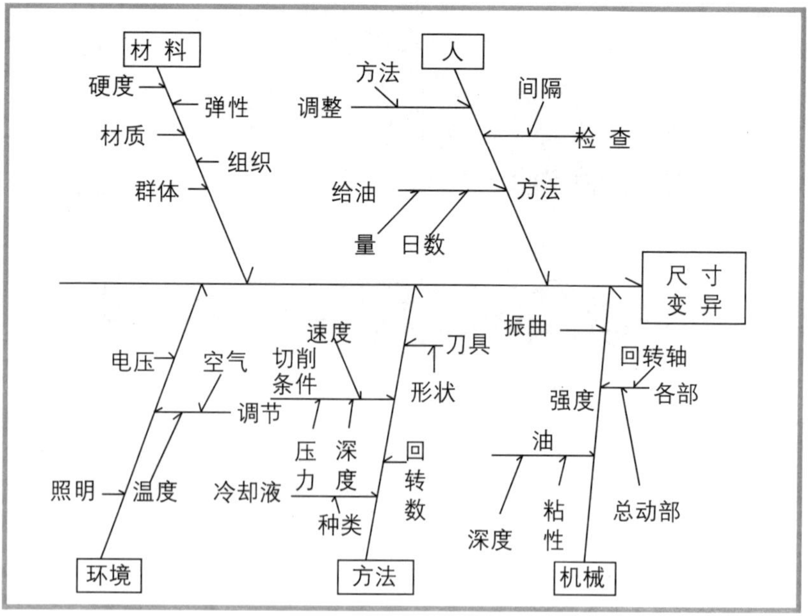

如上图，当分析造成尺寸变异（不良）的时候，通常找出几个主要原因的大骨(4M)，而影响这些主要原因的一些要因如小骨一样，又附在几个主要原因的大骨上。所以要因分析图如能做得完整的话，容易找出问题的症结，采取相应的对策措施。

1. 特性要因图使用步骤

步骤1：集合有关人员

召集与此问题相关的、有经验的人员，人数最好4~10人。

步骤2：挂一张大白纸，准备2~3支色笔

步骤3：由集合的人员就影响问题的要因发言，发言内容记入图上，中途不可批评或质问（脑力激荡法）。

步骤4：时间大约1个小时，搜集20~30个原因则可结束

步骤5：就所搜集的要因，何者影响最大，再由大家轮流发言，经大家磋商后，认为影响较大的予圈上红色圈

步骤6：与步骤5一样，针对已圈上一个红圈的，若认为最重要的可以再圈上两圈、三圈。

步骤7：重新画一张要因图，未上圈的予去除，圈数愈多的列为最优先处理。

特性要因分析图提供的是抓取重要原因的工具，所以参加的人员应包含对此项工作具有经验者，才易奏效。

2．特性要因图与柏拉图的使用

(1) 建立柏拉图须先以层别建立要求目的的统计表。

(2) 建立柏拉图的目的，在于掌握影响全局较大的"重要少数项目"。

(3) 再利用特性要因图针对这些项目形成的要因逐予探讨，并采取改善对策。

所以特性要因图可以单独使用，也可连接柏拉图使用。

图表 2-9

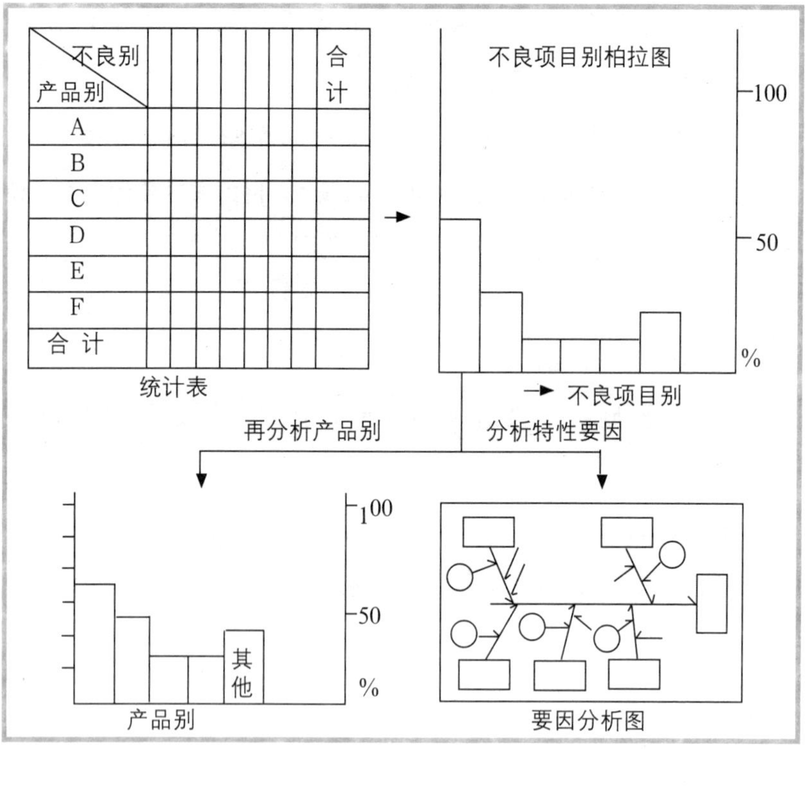

3．特性要因图再分析

要对问题形成的原因追根究底，才能从根本上解决问题。

图表 2－10

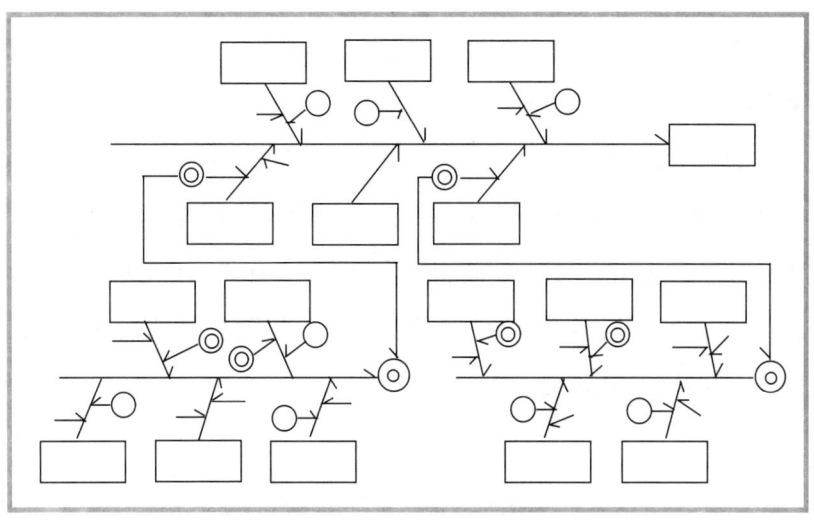

形成问题的主要原因找出来以后，再以"实验设计"的方法进行实验分析，拟具实验方法。找出最佳工作方法，问题也许能得以彻底解决，这是解决问题，更是预防问题。

任何一个人、任何一个企业均有它追求的目标，但在追求目标的过程中，总会有许许多多有形与无形的障碍，而这些障碍是什么（WHAT）、这些障碍为何形成（WHY）、这些障碍如何（HOW）破解等问题，就是要因分析图法主要的概念。

事实上，任何事情的形成都有它的原因，比如说你的办公桌位置不好（脑子想），你就去搬动它（动手搬），所以办公桌的位置就移动了。

上面的例子中办公桌的位置移动是结果，原先的位置不妥当是原因，动手搬为达成目的所采用的方法。

一个管理人员，在他的管理工作范围内所追求的目标，假如加以具体的归纳，我们可得知从项目来说不是很多。然而就每个追求的项目来说，都会有影响其达成目的的主要原因及次要原因，这些原因就是阻碍你达成工作的变数。

如何将追求的项目一一地罗列出来，并将影响每个项目达成的主要原因及次要原因也整理出来，并使用要因分析图来表示，并针对这些要因有计划地加以强化，将会使你的管理工作更加得心应手。

同样地，有了这些要因分析图，即使发生问题，在解析问题的过程中，也能更快速，更可靠。

四、实验计划

实验计划法是有计划地在某种条件下进行实验从而去获得能预测某种现象的统计资料，并且通过分析实验结果，从该现象中归纳出普遍性及再现性规则的一种有效方法。

在工厂里，比如有意地去变换制造要因，了解到何种要因影响某程度的特性。应用实验计划法，可以很迅速、很经济、很有效地得到结论。

实验计划应用于改善工作中，更有明显的效果。

实验计划法的主要目的在于通过实验的设计，选取最佳作业条件。

一元多次配置：

范例1：

一个烤漆工厂，针对喷漆后烤漆所使用的时间及温度各使用一元多次实验法进行实验，以了解哪一种条件下密着性（附着度）最好。

先决条件：

1. 底材要一样（同一批材料及加工）；
2. 油漆要一样（同一厂家及生产批）；
3. 溶剂度要一样（同一厂家及生产批）；
4. 粘度要一样。

在上面的生产条件固定的状况之下，使用一元多次的配置法来实验对产品特性（密着性）的影响。

实验的因素有两个：烘烤温度及时间。

图表 2–11

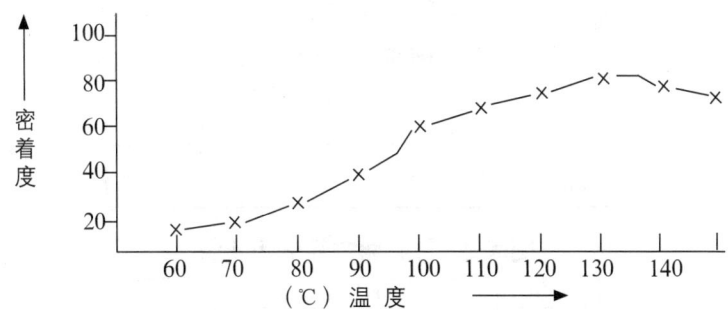

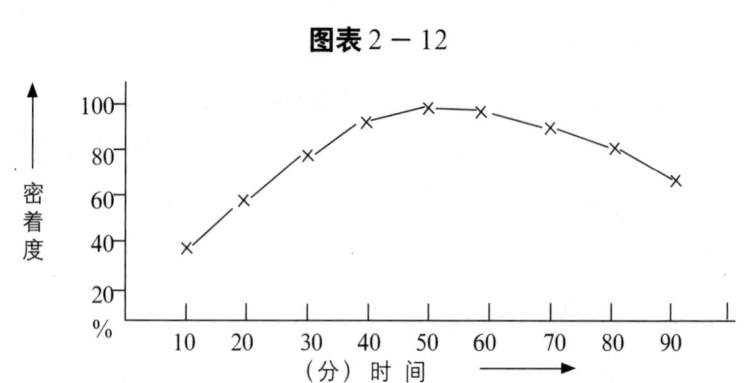

图表 2-12

在图 2-11 温度别中,可以看见,温度在 130 度及 140 度最理想。

在图 2-12 时间别中,可以看见时间在 40 分到 60 分最理想。

通过上面的实验,我们很容易抓到最佳的生产条件。

范例 2:

在上一题中,将时间及温度以外的各条件予以固定,并将温度及时间予二元二次法作实验。

图表 2-13

温度 \ 时间	40 分	50 分
130℃	A	B
140℃	C	D

图表 2-14 将产品分为 4 组

A 组	130℃ × 40 分
B 组	130℃ × 50 分
C 组	140℃ × 40 分
D 组	140℃ × 50 分

在4组不同的样品中，经试验后何者为最佳的作业条件，此条件即为作业标准的条件。

每一产品在制程中，均有其不同的变异要因，根据这些要因进行实验以找出最佳的生产条件，在生产进行中再加以日常控制，即可得到稳定的品质。

实验计划是应用统计手法进行解决问题，它在19世纪时就源自于英国，最早是在农地进行实验，将同样的一大片农地划分成几块，在其他同样的条件如作物、气候、水份、翻土等条件下，施予不同的肥料，再依不同的阶段来观察其成长状况及最后的结果，并依统计数据作选择"最佳肥料"的依据。此一套技术在农作物方面获得相当的成果，再逐步应用到畜牧业，以乳牛为例：

技术人员将一批乳牛予以分组，在其他同样的条件下喂以不同的牧草，然后再以统计的方法分析其牛乳品质及出乳量，并依"结果"做重复的试验来定出最后的"结论"，以选择"最佳"的牧草。

在工业上，自从大批量生产兴起以来，任何一个管理方法或生产方法，对追求的目标都会产生巨大的影响。事实上，我们所从事的任何一项工作，其工作方法不一定是最好的。要如何追求最佳的工作方法？除了要具备专业的工作经验外，利用实验设计的简单方法进行工作方法的突破，也是每个企业、每个管理人员应全力进行的。

五、散布图

散布图是用来表示一组成对的数据之间是否有相关性。这种成对数据或许是"特性——要因"、"特性——特性"、"要因——要因"的关系。

在我们的生活及工作中，许多现象和原因，有些呈规则形的关连，有些呈不规则形的关连。

例如：物价的高低或消费支出水平有关连；油的粘度与温度高低有关系，汽车的运转数与出力有关系；等等。我们要了解它，必须借助统计方法来判断它们之间的关系。下面我们列出了5种散布图，分别是：

- 正相关（回转数与出力）
- 负相关（油的粘度与温度）
- 不相关（气压与气温）
- 弱正相关（身高与体重）
- 弱负相关（温度与步伐）

散布图的类型可见下列五图。散布图的绘制程序如下：

- 收集资料（至少30组以下）；
- 找出数据中的最大值与最小值；
- 准备坐标纸，划出纵轴、横轴的刻度，计算组距。

通常纵轴代表结果，横轴代表原因。

组距计算应以数据中最大值减最小值再除所需设定的组数求得；

- 将各组对应数标示在座标上；
- 须填上资料的收集地点、时间、测定方法、制作者等项目。

图表 2－15－1 散布图分类

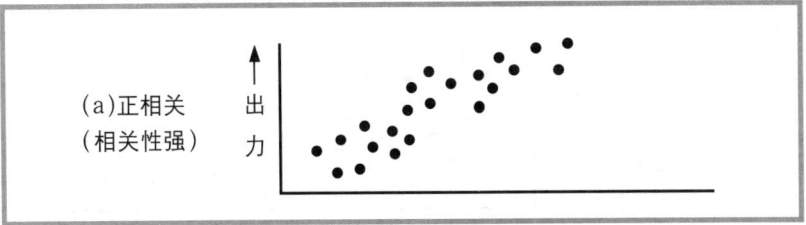

图表 2－15－2 散布图分类

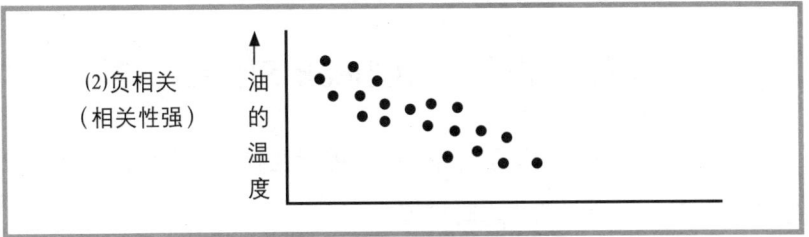

图表 2－15－3 散布图分类

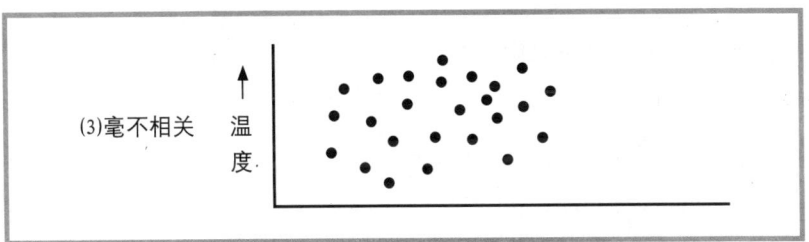

图表 2－15－4 散布图分类

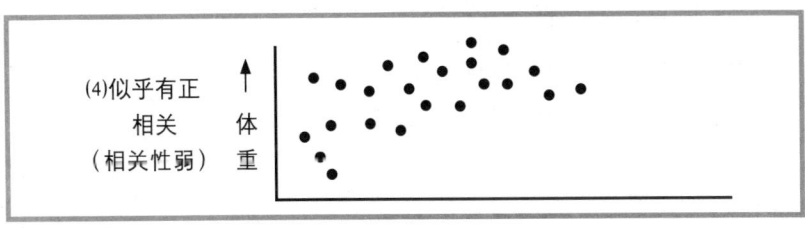

图表 2－15－5 散布图分类

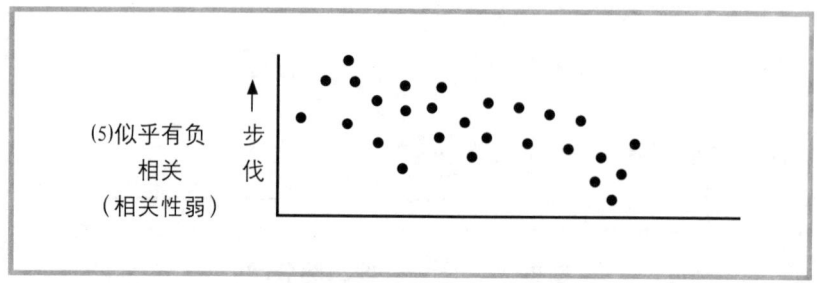

六、查核表(Check Sheet)

简单的查核表，就是备忘条，将要进行查看的工作项目一项一项地整理出来，然后定期或定时检查

1．点检用查核表

此类表在记录时只做"有、没有"、"好、不好"的注记。

制作程序如下：

(1) 制作表格，决定记录形式；

(2) 将点检项目列出；

(3) 查核；

(4) 异常事故处理。

例：管理人员日常点检查核表

图表 2-16 管理人员日常点检查表

日期 项目	1	2	3	4	5	6	…	31
人员服装								
工作场地								
机器保养								
机器操作								
工具使用								
……								
查核者								
异常处理								

2．记录用查核表（计数用）

记录用查核表用来收集计量或计数资料，通常使用划记法。其格式如下：

图表 2-17 记录用查核表

修整项目	次　数
尺寸不良	卌卌 丨
表面斑点	丨丨丨
装配不良	卌卌 丨丨丨
电镀不良	卌卌 卌卌 丨丨
其　他	卌卌

有经验的管理人员，通常会把管理的工作规划成两个阶段来运作，一个是改善管理，一个是维持管理，并持续进行。

古云"逆水行舟，不进则退"。这句话用在市场经济环境下的管理工作再恰当不过了，试想一个企业的运营假如一直维持现状，长期不进展，那只有接受淘汰的命运了，此所谓"适者生存，不适者汰换"。

谈到改善（突破），就要有计划，然后全体动员去做。进行改善，进行突破，得到好的成果，这些成果就是改变了那些管理方法或生产方法，这些好成果得来不易，而要让这些成果能维持不再掉下来，那就得在维持管理方面下功夫，也就是所谓的"标准化"工作了。

的确，管理工作犹如爬山一样，爬上一段就得休息一下，补充体力，准备下一段的工具，一段一段地爬，总是有机会到达山顶的。

也有人把维持管理与改善管理与带兵作战来做比。一个指挥官的部队把预定攻占的阵地攻占下来后，得先做阵地巩固的工作，然后再进行下一波的攻击。两者道理是一样的。

改善工作需先改善计划，改善计划会产生计划做法，然后这些计划做法要交付实施，才有机会得到我们预期的效果。此时这些计划做法有无确实在实施，或实施的过程出现哪些问题，就得依赖查核表的跟催。同样的，得到的成果要能维持，除了对新方法进行标准化外，经标准化后的新方法也可以使用查核表进行查检，这也是管理机能中控制机能的一种。

日常的管理工作中，使用查检表的例子比比皆是，对我们的管理工作助益甚大。

※※※※※※※※※※※※※※※※
※　品质 — 拉住顾客最有效的利器。　※
※※※※※※※※※※※※※※※※

七、直方图

直方图又称柱状图,可将杂乱无章的资料,解析出其规则性。借着直方图,对于资料中心值或分布状况可一目了然。

直方图的制作,牵涉到一些统计学的概念,但我们尽可能用简单的计算来说明。

1. 直方图制作的步骤

(1) 收集数据,并记录于纸上

统计表上的资料很多,少则几时,多则上百,都要一一记录下来,其总数以 N 表示。

(2) 定组数

总资料数与组数的关系大约如下表示:

图表 2－18

N(数据)	组数
50－100	6－10
100－250	10－20
250 以上	10－20

(3) 找出最大值(L)及最小值(S),计算全距(R)。R＝L－S

(4) 定组距(C)

R÷组数＝组距,通常是 2.5 或 10 的倍数

(5) 定组界

最小一组的下组界＝S－测量值的最小位数(一般是 1 或 0.1)×0.5

最小一组的上组界 = 最小一组的下组界 + 组距

最小二组的下组界 = 最小的上组界

依此类推。

(6) 决定组的中心点

(上组界 + 下组界) ÷ 2 = 组的中心点。

(7) 制作次数分布表

依照数值大小记入各组的组界内，然后计算各组出现的次数。

(8) 制作直方向

横轴表示测量值的变化，纵轴表示次数。将各组的组界标示在横轴上，各组的次数多少，则用柱形划在各组距上。

(9) 填上次数、规格、平均值、数据来源、日期

直方图主要作为观察用，主要是为观察直方图的分布图型，将可得到 3 种状况：

① 柱状图形呈钟形曲线，可以说：

● 制程显得"正常"，且稳定，

● 变异大致源自机遇原因。

然若呈现的是一种双峰或多峰形分布，则显得"不正常"或制程中有两个标准。

② 制程中心值

直方图的平均值与规格中心值是否相近，作为调整制程的依据。

③ 制程是否有能力符合工程规格。

依直方图散布状况来衡量是否具有达到工程能力的水准。

2. 直方图可达到下列目的

(1) 评估或查验制程；

(2) 指出采取行动的必要；

(3) 量测矫正行动的效应；

(4) 比较机械绩效；

(5) 比较物料；

(6) 比较供应商。

测量50个蛋糕的重量

N＝50，重量规格＝310±8g测量50个重量数据，如图表2－18：

图表 2－18

1	308	317	306	314	308
2	315	306	302	311	307
3	305	310	309	305	304
4	310	316	307	303	318
5	309	312	307	305	317
6	312	315	305	316	309
7	313	307	317	315	320
8	311	308	310	311	314
9	304	311	309	309	310
10	309	312	316	312	318
行最大	315	317	319	314	320
行最小	304	306	302	303	304

① 将其分成7组

② 全距R＝L－S＝320－302＝18

③ 组距C＝18÷7＝2.57，取C＝3

④ 第一组下界S－（S个位数×0.5）＝302　1＝301

⑤ 第一组上界 = 301 + C = 304

⑥ 第二组依此类推

⑦ 划次数分配表，如图表2-19：

图表2-19 分布表

组	组界	中心值	划记	次数
1	301～304	322.5	朌	4
2	304～307	305.5	正正	10
3	307～310	308.5	正正 朌	13
4	310～313	311.5	正 朌	9
5	313～316	314.5	正 朌	8
6	316～319	317.5	正	5
7	319～322	320.5	丨	1

⑧ 画直方图

图表2-20

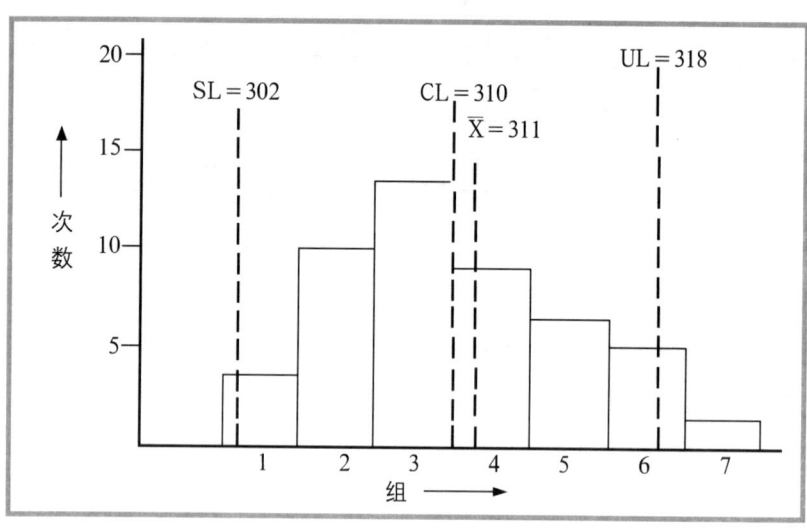

直方图的作用在于了解制程全貌，可自图上看出分配的中心倾向（准确度）及分配的形状，散布状态（精密度）与规格关系。

● 准确度与精密度

图表2-21

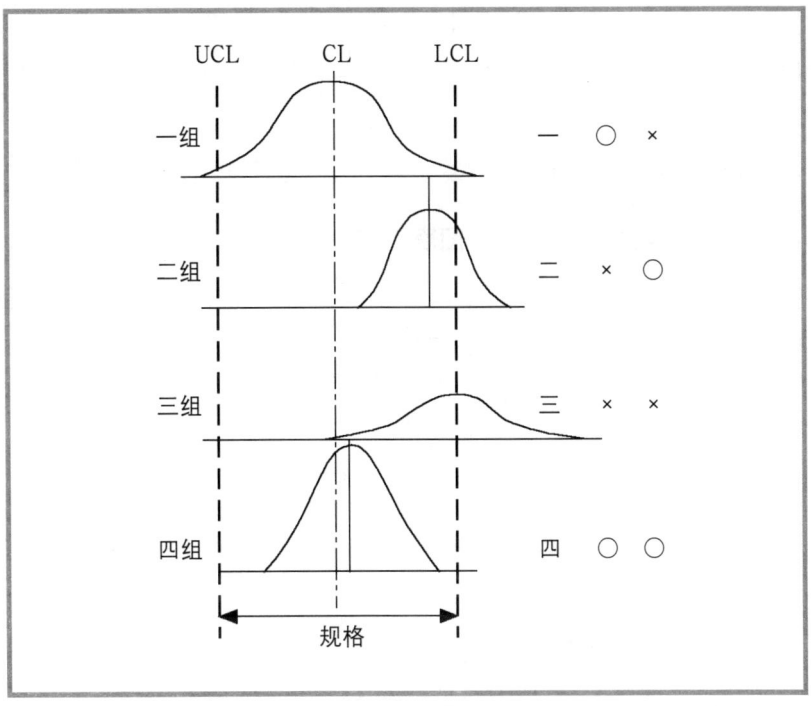

上图表2-21中可以看出，一组的产品准确度虽然可以但精密度差，二组刚好相反，三组则准确度及精确度都差，四组两者皆可以。

● 分配形状（参阅图）

图A:常态，左右对称，显示制程大致稳定，正常。

图表 2－22

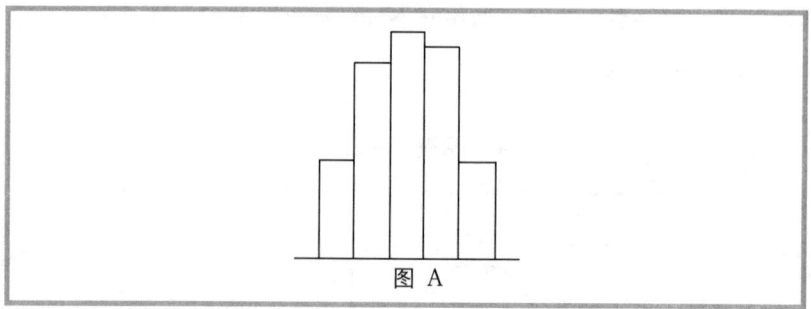

图 A

图 B：偏态，应有人为因素。

图表 2－23

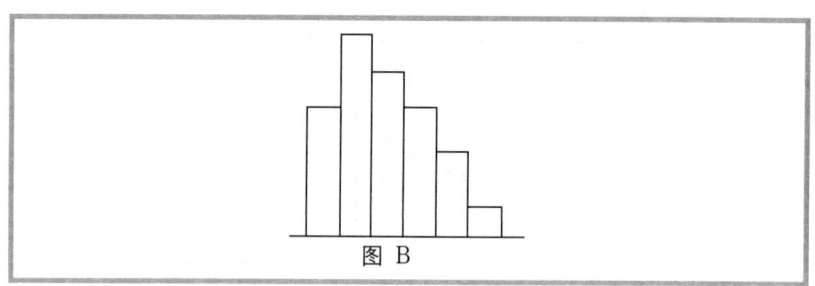

图 B

图 C：双峰型。

制程内可能有 2 种不同的组合。

图表 2－24

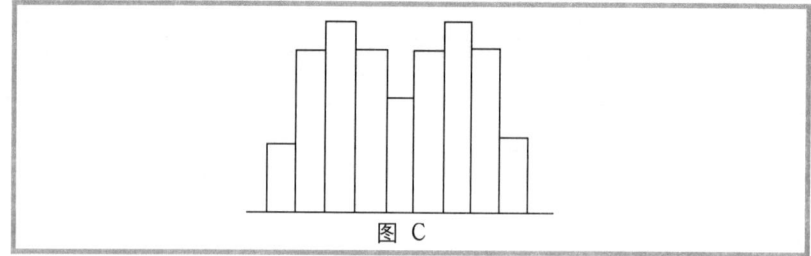

图 C

图D:不正常分配。可能检查测定人员对测定值的处理有偏差。

图表 2-25

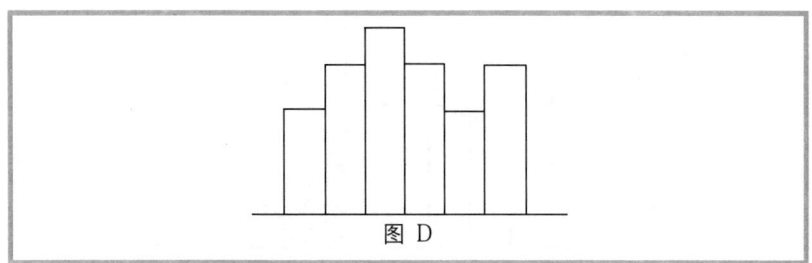

- 图形与规格比较

图A:成常态分配,且均落于规格界限之内(准确度、精密度均可)。

图表 2-26

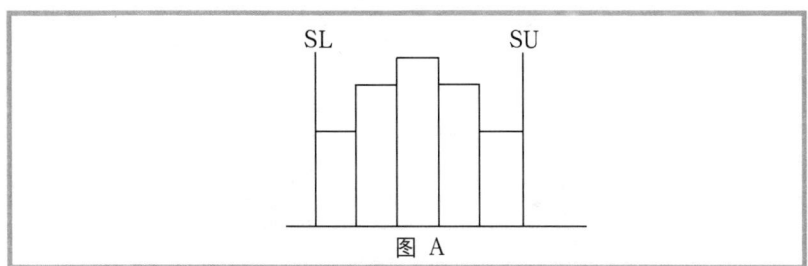

图B:平均值偏低部分比例超过下限(准确度差)。

图表 2-27

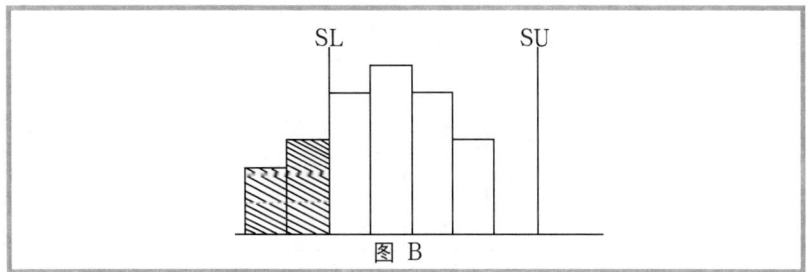

图C:平均值偏高,部分比例超过上限(准确度差)。

图表 2-27

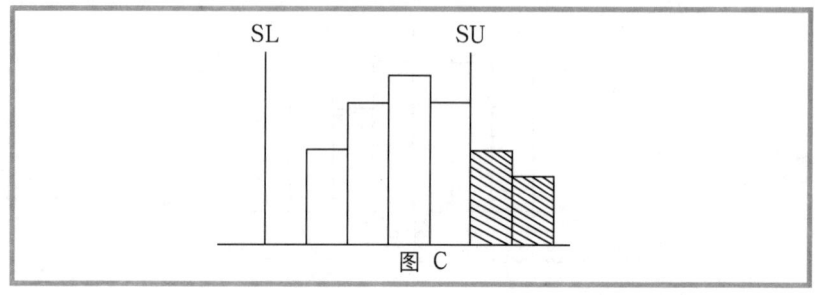

图D:产品变异大,品质不匀,精密度差,应改善变异或放宽规格。

图表 2-28

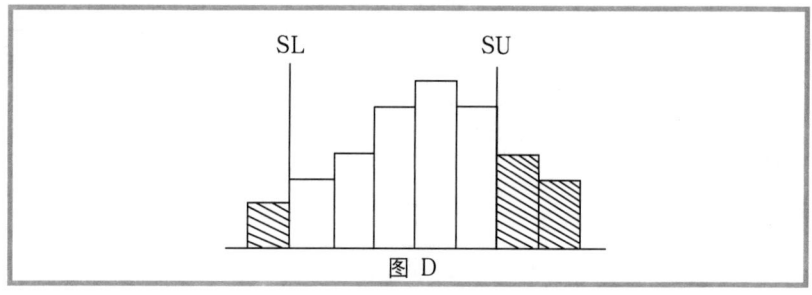

图E:产品变异太小,可能品质过剩。

图表 2-29

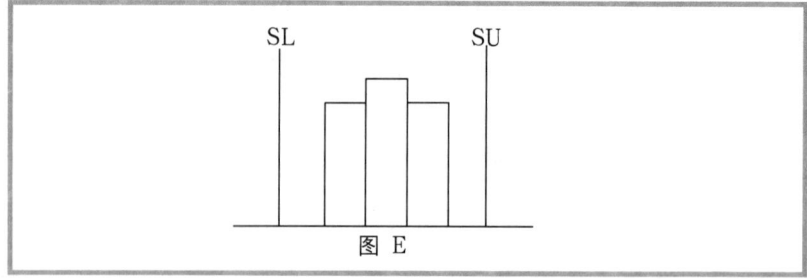

八、分布图

分布图较直方向图能直达具体运算的效果。

1. 表示分配位置的量

(1) $\overline{X}$ ——平均值

把所有的数据加起来的总合再除以数据的数量,即n个数据 X_1、X_2……

Xn的平均值为$\overline{X}$,即 $\overline{X}=1/n(X_1+X_2+……+X_n)=1/n\Sigma X_i$

例如有6个数据8、9、6、5、8、7。

$\overline{X}=1/6(8+9+6+5+7+8)=1/6\times 43=7.2$

(注:在统计学上母群体的平均值以u表示。)

(2) 表示分配变异的量

① R——范围(Range)

即数据的最大值(Max)与最小值(Min)的差。R=Xmax-Xmin

例:一件产品,抽检5个,量其长度为10.2、9.9、9.7、9.8、10.3。

最大值 = Max = 10.3

最小值 Min = 9.7

R = 10.3 - 9.7 = 0.6

(2) S——平方和

各个数据与平均值的差,各别乘以平方后加起来的总和为S。

$$S = (X_1 - \overline{X})^2 + (X_2 - \overline{X})^2 + \cdots + (X_n - \overline{X})^2$$
$$= \Sigma(X_i - \overline{X})^2$$
$$= \Sigma X_i^2 - (\Sigma \overline{X}_i)^2 / n$$

例：上例的5个数据的平方和为：

$$S = (10.2 - 9.98)^2 + (9.9 - 9.98)^2 + \cdots = 0.268$$

或 $S = (10.2^2 + 9.9^2 + 9.7^2 + 9.8^2 + 10.3^2)$
$$- \frac{1}{5}(10.2 + 9.9 + 9.7 + 9.8 + 10.3)^2 = 0.268$$

(3) S^2——变异数

平方和（S）除以数据的个数（n）。

$$S^2 = S / N$$

例：上题的5个数据的变异数。

$$S^2 = S / N = 0.268 / 5 = 0.0536$$

(4) σ——标准差

变异数（S^2）加以开平方即得标准差。

$$\sigma = \sqrt{S^2} = \sqrt{S/N}$$

例：上题5个数据的标准差：

$$\sigma = \sqrt{0.0536} = 0.232$$

(5) 常态分布

从一群数据里可以整理出次数分配图及直方图，如果把数据无限的增大时，就可以得到如下图的一种类似像钟铃曲线的分布曲线。

图表 2 - 29

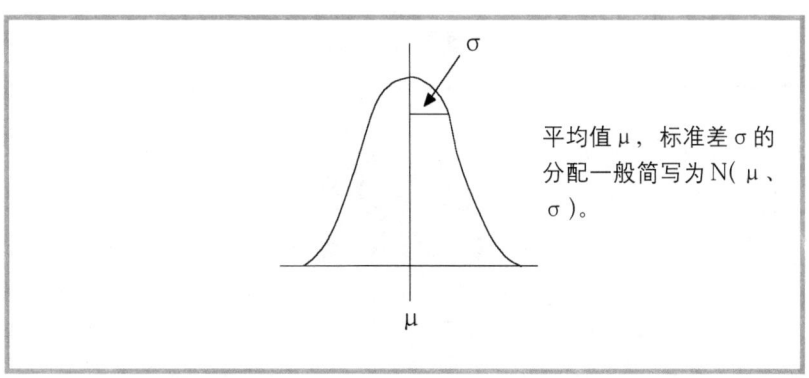

3. 常态分配下出现的或然率

(1) 如常态分配下平均值 u 的两侧各取一个标准（σ）的宽度，则在此区域内出现的或然率为 68.27%。

图表 2 - 30

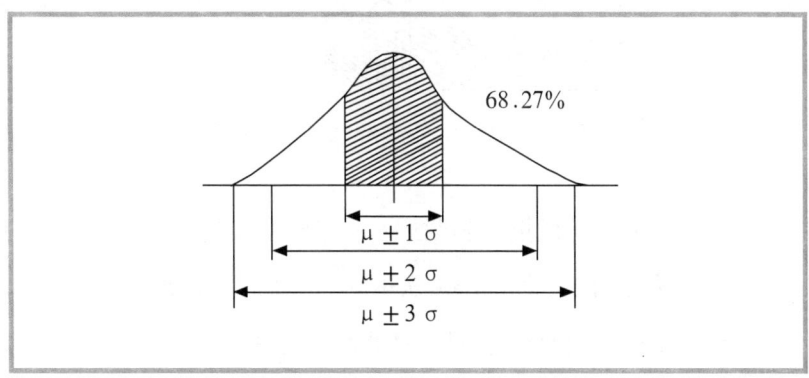

(2) 如取 2σ，则在此区域内出现的或然率为 95.45%。

图表 2-31

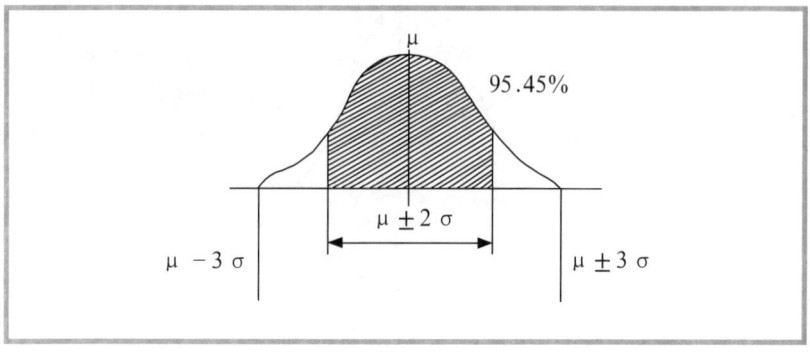

(3) 如取 3σ，则在此区内出现的或然率为 99.73%。

图表 2-32

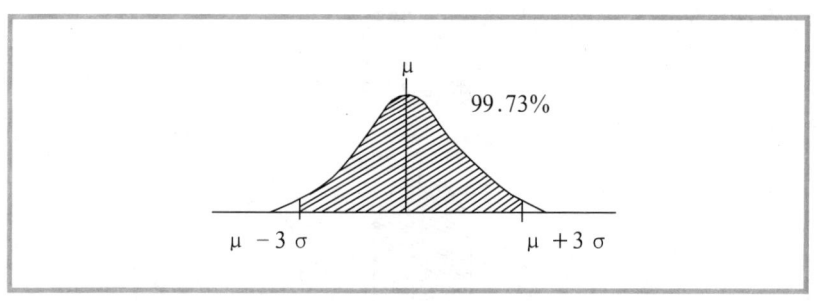

如果在上述的分配里，随机抽取一个样品，则这个样品数据出现在 u±3σ 区以外的机会是 1000 次里约有 3 次的可能机会。

分布图看起来很复杂，其实计算起来很简单。

当然，运用分布图需要一些时间，但是分布图不只可得到产品的准确度及精密度，而且较直方向图可得到实际的数值，可以提供给我

图表 2－31 次数分布图

品名			特性								测定单位				lost Size				Sample Size规格											月 日		测定者
NO. cell	限界值	1	2	3	4	5	6	7	8	9	10	11	12	13	14	15	16	17	18	19	20	21	22	23	24	25	26	27	28	29	30	fi	ui	uifi	uifi
1																																			
2																																			
3																																			
4																																			
5																																			
6																																			
7																																			
8																																			
9																																			
10																																			
11																																			
12																																			
13																																			
14																																			
15																																			
16																																			
17																																			
18																																			
19																																			
20																																			
21																																			
22																																			
23																																			
24																																			

Cell 中点值 M＝　　　　Cell 间隔 C＝　　　　Σfi＝　　　　Σuifi＝　　　　Σuifi

备考

$$\bar{X} = M + C\frac{\Sigma uifi}{\Sigma fi}$$

$$\sigma = C\sqrt{\frac{\Sigma ui^2 fi - \frac{(\Sigma uifi)^2}{fi}}{\Sigma fi - 1}}$$

$\bar{X} =$

$\sigma =$

$\bar{X} + 3\sigma =$

$\bar{X} - 3\sigma =$

们更正确的信息,以便采取矫正措施。著者参观过甚多的工厂,尤其中小企业,最大的特色就是大家都很忙,忙着生产,忙着赶交货。大部分的人关心的就是生产、交货,对品质问题却疏于重视,就是重视,大部分的企业也是在检验上严格把关,把不良品予剔除,然后不是报废就是整修。报废也好,整修也好,付出的代价都太大了。由于品质成本过大,甚至把原有的利润也给抵消掉,实在可惜。

在20世纪中期,美国军方的工厂为了提高品质,而有了零缺点计划(ZD)的推动,要求每一项工作"一次性做好",此ZD虽然有别于日本推行的QCC,但是也是至今品质管理一个很重要的主流。

通过检验的手段把不良品予剔除,也许有机会让顾客接受产品,但是却完全不符合经济(成本)的要求。何况筛选的方法,对品质来说不见得有保障。

使用分布图,尤其在大量生产型的工厂,可得到"出来就是好产品"。

九、管制图(control chart)

1924年美国的贝尔电话实验所的修华特博士(Dr.W.A.Shewart)首先提出管制图使用以后,管制图就一直成为科学管理上的一个重要的工具,尤其在品质管制里就成了一个不可或缺的工具。

在生产的过程中,变异是正常的现象,其来自机遇原因的变异虽无可避免,但非机遇原因大都是人为或人力可以控制的。我们知道在日常的生产里,产品虽在正常的情况下生产,但其产品仍会随机做一上一下的变化,有些人靠经验来判断及处理,但经验多半依靠直觉,当直觉不可靠时，会产生严重后果，何况经验是有相当长时间的试误累积而来的。而利用管制图，可以依科学方法加以管制，并研究制程的变异研判是机遇原因或非机遇原因，适时地采取对策措施。

1．管制图的实施循环

(1) 在制程中，定时定量随机抽取样本；

(2) 抽取样本做管制特性的量测；

(3) 将结果绘制于管制图上；

(4) 判别有无工程异常或偶发性事故；

(5) 对偶发性事故或工程异常采取措施。

① 找寻原因；

② 改善对策、应急对策；

图表 2－32 管制图的实施循环

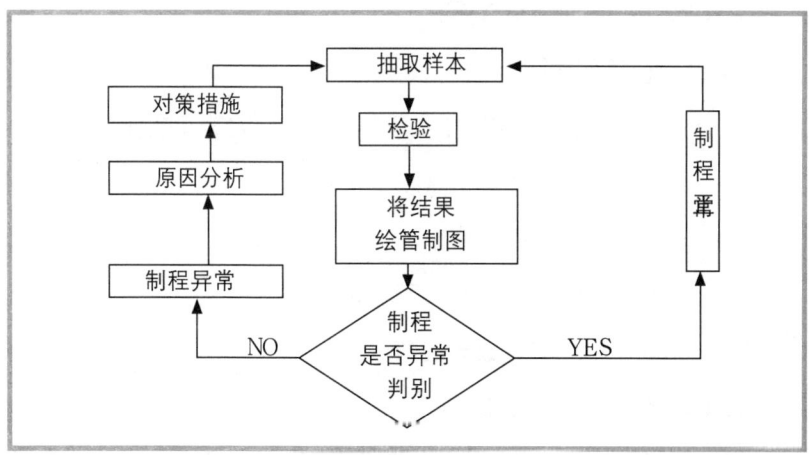

从上图可以看出，管制图的实施步骤是：抽取样本，进行检验，将检验的结果画制于管制图上，再从管制图来判断，工程是否正常，如为不正常即应采取必要的矫正措施。

2．管制图分类

管制图分为计量值管制图和计数值管制图两种。

(1) 计量值管制图

用于产品特性可测量的，如长度、重量、面积、温度、时间等连续性数值的数据有：

$\bar{x}$ - R：平均值与全距管制图（表2—40）

$\bar{x}$ - R：中位数与全距管制图（表2—41）

$\bar{x}$ - Rm：个别值与全距移动管制图（表2—42）

$\bar{x}$ - σ：平均值与标准差管制图

其中以 $\bar{x}$ — R 使用最普遍。

(2) 计数值管制图

用于非可量化的产品特性，如不良数、缺点数等间断性数据。有：

P — Chart：不良率管制图（表2—43）

Pn — Chart：不良数管制图

C — Chart：缺点数管制图（2—44）

U — Chart：单位缺点数管制图

其中以 P — Chart 应用较广。

初学管制图，可以先从 $\bar{X}$—R 图及 P chart 的使用开始，等熟练以后再视需要使用其他的图。

(3) $\bar{X}$—R 管制图

$\bar{X}$ 主要管制组间（不同组）的平均值变化。

R 主要管制各组内（同一组样品）的范围变化。

例：一组测量数据 5+2+10+7+4 有 5 个平均值 $\bar{X}$ = (5+2+10+7+4)/5=5.6

全距 R=Xmax—Xmin=10-2=8

① 管制界限的计算

$\bar{X}$ 图

图表 2-33 $\bar{X}$ -R 图系数表

样本 n	A2	D3	D4
2	1.880		3.27
3	1.023		2.58
4	0.729		2.28
5	0.577		2.12
6	0.483		2.00
7	0.419	0.076	1.924

$\bar{X} = x_1 + x_2 + \cdots x_n / n$

$\bar{\bar{X}} = \bar{x_1} + \bar{x_2} + \cdots \bar{x_k} / k$

中心线（CL）= $\bar{\bar{X}}$ 上限（UCL）=D4R 下限（LCL）=D3R

$\bar{X}$—R 图系数表（表 2-33）

② 管制图制做法

步骤:

- 收集最近与今后制程相似的数据约 100 个
- 依测定时间或群体区分排列。
- 对数据加以分组,把 2—6 个数据分为一组。

a. 组内的个别数据以 n 表示。

b. 分成几组的个别组数以 K 表示。

c. 剔除异常数据。

- 记入数据表内(如图)。
- 计算每组平均值 $\overline{X}$。

图表 2-34

	$\overline{X}$ 图	R 图
中心线	CL = $\overline{\overline{X}}$	CL = $\overline{R}$
上 限	(UCL) = $\overline{\overline{X}}$ + $A_2\overline{R}$	ULC = $D_4\overline{R}$
下 限	(ULC) = $\overline{\overline{X}}$ − $A_2\overline{R}$	LCL = $D_3\overline{R}$

- 计算每组全距 R。
- 计算总平均值 $\overline{\overline{X}}$。
- 计算全距平均 $\overline{R}$。
- 计算管制界限值(下表)
- 划出管制界限。

所定的方格最好能在上下限间隔约 20~30mm 较合适。

- 打上点号。

点与点(组与组)距离约 2~5mm 较合适,在管制界限内的点以

- 为记,在管制界限外以⊗为记。
- 记入其他有关事项。
- 检查:

a. 制程是否在管制状态下。

b. 检讨制程能力。

3. **管制界限与产品规格比较**

将计算管制图的数据整理成直方图,然后再与规格比较。

(1) 直方图在产品规格值上、下限内,则所计算出来的管制上、下限可采用。

图表 2－35

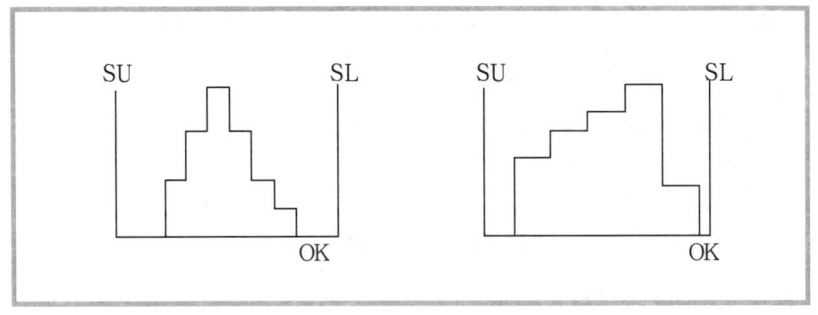

(2) 如超出规格上下限时,则认为制程不能满足规格要求,则需调整制程,作制程解析,把平均值移到规格中心,或进行缩小变异措施。如果技术上或经济上有困难,则需考虑变更规格。

图表 2－36

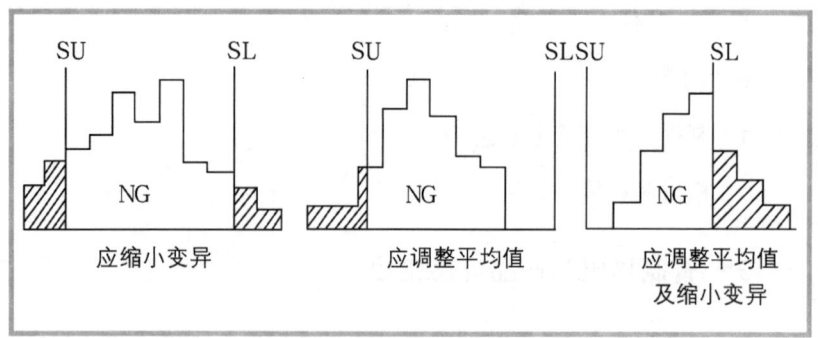

4．计数值管制图

计量值管制图是管制品质或持续改进品质的良好方法,不过它们有若干限制,最明显的是没法用来管制做目测的检验,比如说产品的颜色不正确、表面刮痕……等是较难用量测工具来检测的。

(1) P 管制图（不良率管制图）

P 管制图可用在产品不良率、人员缺勤率等方面。

(2) P 管制图的做法

① 先收集近期内的产品,分组并算出不良率。P＝Pn／n＝不良个数／总检查数；

② 计算平均不良率 $\bar{P}$ ＝ ΣPn／Σn＝总不良数／总检查数；

③ 计算管制线。

中心线 $CL = \bar{P}$

上管制限 $UCL = \bar{P} + 3\sqrt{\bar{P}(1-\bar{P})/n}$

下管制限 LCP = $\bar{P} - 3\sqrt{\bar{P}(1-\bar{P})/n}$

(3) 管制过程

P管制图如有点超过管制界限,应进一步解析制程,追查原因,采取措施。

(4) P管制图范例

5. 管制图判读异常的要诀

(1) 资料点超出管制界限时

图表 2－37

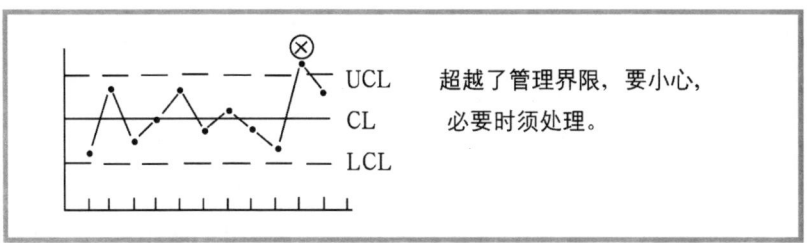

(2) 资料偏离中心线连续 7 点时,表示有变化,要小心。

图表 2－38

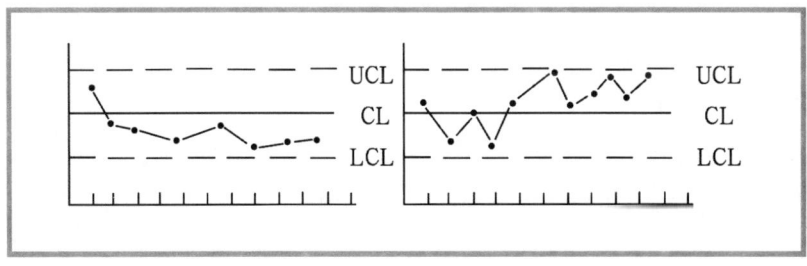

(3) 资料呈规则性，原因易找出来。

图表 2－39

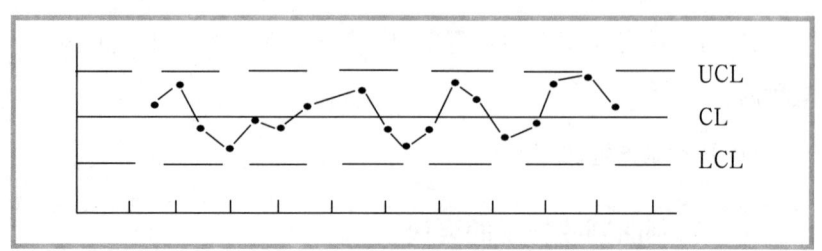

图表 2-40 $\bar{X} - R$ 管制图

管制图编号：

厂名														
制品名称		规格		标准		$T/\sqrt{n}$		管制图		制造部门		期限		
品质特性		最大值						上限		机器号码		抽样方法		
测量单位		平均值						中心线		工作者		测定者		
		最小值						下限						
日	时											年 月 日 / 月 日		
批号														
样本测定值	X1													
	X2													
	X3													
	X4													
	X5													
ΣX												$\Sigma \bar{X} =$	合	计
$\bar{X}$														
R												$\Sigma R =$		
$\bar{X}$ 管制图												$\bar{\bar{X}} =$ $\bar{R} =$	平	均
R 管制图													计	算
原因追查														

n	4	5	6
A_2	0.73	0.58	0.48
$3A_2$	0.80	0.69	0.55
A_9	1.52	1.36	1.26
D_4	2.28	2.11	2.00

图表 2-41 $\bar{X}-R$ 管制图

管制图编号：

厂名																								
制品名称			制造部门					期限		年 月 日 / 月 日														
品质特性			机器号码					抽样方法																
测量单位			工作者					测定者																
日 时	批号	规格	标准	管制图	$\bar{X}$图	R图				合计													n	m3	m3A_2	m3A_2
		最大值	T/$\sqrt{n}$	上限						$\Sigma \bar{X}=$													2	1.000	1.880	2.224
		平均值		中心线						$\Sigma R=$													3	1.160	1.187	1.256
		最小值		下限																			4	1.092	.796	.828
样本测定值	X1									平均													5	1.198	.691	.712
	X2									$\bar{\bar{X}}=$													6	1.135	.549	.562
	X3									$\bar{R}=$													7	1.214	.509	.520
	X4									计算																
	X5																									
ΣX																										
$\bar{X}$																										
R																										
$\bar{X}$管制图																										
R管制图																										
原因追查																										

图表 2-42 $\bar{X}$-Rm 管制图

图表 2-43 P 管制图

厂　名																										管制图编号：	
制品名		规　格　标　准						管制图			制造部门							期　　限						年　月　日　~			
品质特性		最大值		220				上　限			制　　程							抽样方法						年　月　日		合　计	
测量单位		平均值						中心线		10.3																		
		最小值						下　限			工　作　者							测　定　者									
日　号	1	2	3	4	5	6	7	8	9	10	11	12	13	14	15	16	17	18	19	20	21	22	23	24	25		
批　量	220	220	210	220	220	255	440	365	255	300	280	330	320	225	290	170	65	135	280	250	220	220	220			$\Sigma n = 5925$	
检验数	115																									$\Sigma pn = 610$	
不良分析																											
¢ pn	15	18	23	22	18	15	44	47	13	33	42	46	38	29	26	17	5	14	36	25	24	20	15	18			
¢ p	13.0	8.2	10.9	10.0	8.2	5.8	10.0	12.9	5.1	11.0	14.6	15.8	13.9	12.9	8.9	10.0	7.7	10.4	12.8	10.0	10.9	9.1	6.8	8.2			
UCL	18.8	16.5	16.6	16.5	16.5	16.0	14.6	16.5	16.3	15.3	16.5	16.4	15.7	16.5	17.3	21.6	19.4	18.2	15.8	16.1	16.5	16.5	16.5			
UCL	1.8	4.1	4.0	4.1	4.1	4.6	6.0	5.5	4.6	5.0	4.8	5.3	4.1	4.9	4.2	3.3	0	1.2	2.4	4.5	4.1	4.1	4.1			
管制图																											
原因分析																				柏拉图分析							

图表 2－44 C 管制图

管制图编号：

厂　名										
品名	规　格	标　准	管制图	C	制造部门		期　限		年 月 日 ~ 年 月 日	
品质特性		最大值	上　限		制　程		抽样方法			
测量单位		平均值	中心线		工 作 者		测 定 者			
日 时 号		最小值	下　限							
批　量										
检 查 数										
不 良 分 析										
C										
U										
UCL										
LCL										
管 制 图							$\bar{C}=$ $UCL=\bar{C}+3\sqrt{\bar{C}}$ $LCL=\bar{C}-3\sqrt{\bar{C}}$			
原 因 分 析							柏拉图分析			

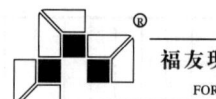

每天忙忙碌碌,可否腾出一点时间
做思考(与自己约会)?

十、推移图

将进行工作的方针与目标以数据化,并将统计报表的实绩转换成以图示的方法来表示出来,借着推移图的观察可以得知实绩成果与目标值的差距,从而采取必要的措施。

推移图的图形可以柱状图或曲线图两者混合使用。

1．推移图制作

(1) 坐标纸左边的纵坐标表示结果

衡量的项目右可依需要设定。

产量:柱形图

效率:曲线图

人均产量（值）:曲线图

不良率:曲线图

员工人数:柱状图

缺勤率:曲线图

流动率:曲线图

营业额:柱状图

(2) 下方的横坐标表示日期、月度、年度

在下方可以将需要以数据表示出来的项目予以列出。

企业里面使用的推移图,应整体做规范,包括纸张、大小、项目,至于目标值,可于年度事先协商。

2．推移图的使用

1954年，管理大师彼得·杜拉克(Peter.F.Drucker)倡导目标管理，迄今已有40年历史，时至今日，目标管理已演变成科学管理的最有效工具。

目标管理结合了人性管理，在企业内每个阶层、每个部门甚至每个人有了明确的目标做指引，尤如前面有一盏明灯，充满了希望，充满了挑战，而推移图可作为工作中评估达成状况的一种有效工具。

在管理循环Plan → Do → Check → Action 的过程中：

Plan 即拟订计划，制定计划目标，制定计划做法：

Do 即执行实施，并加以控制。

Check 即确认或评估执行状况并与目标值的差距，推移图可以担任此一工作：

Action 即执行结果与目标值的差距探讨，并修正采取措施。

推移图可以月度、季度、年度使用。

在前面PDCA管理循环中，推移图就可以扮演P.C的两种角色，所以推移图在企业里是相当普遍的管理工具。

3．推移图的应用

不只在工厂里，在其他的各个行业里，我们经常可看到推移图出现在主管人员的办公室，或者在会议的过程中使用推移图。对管理的工作领域来说，缺乏计划，没的目标，就谈不上管理，因为缺乏计划，没有明确（数据）的目标，执行工作就缺乏控制的依据。缺乏明确目标的执行成果，好坏也跟着模糊，往往只能由主管人员依个人的好恶来判断。

推移图最为重要的地方，在于计划目标的确定，而计划目标须由企业内事前协商所确定。

附表例说明（见图表2-45）：

图表2-45 ××公司制造一课月度推移图

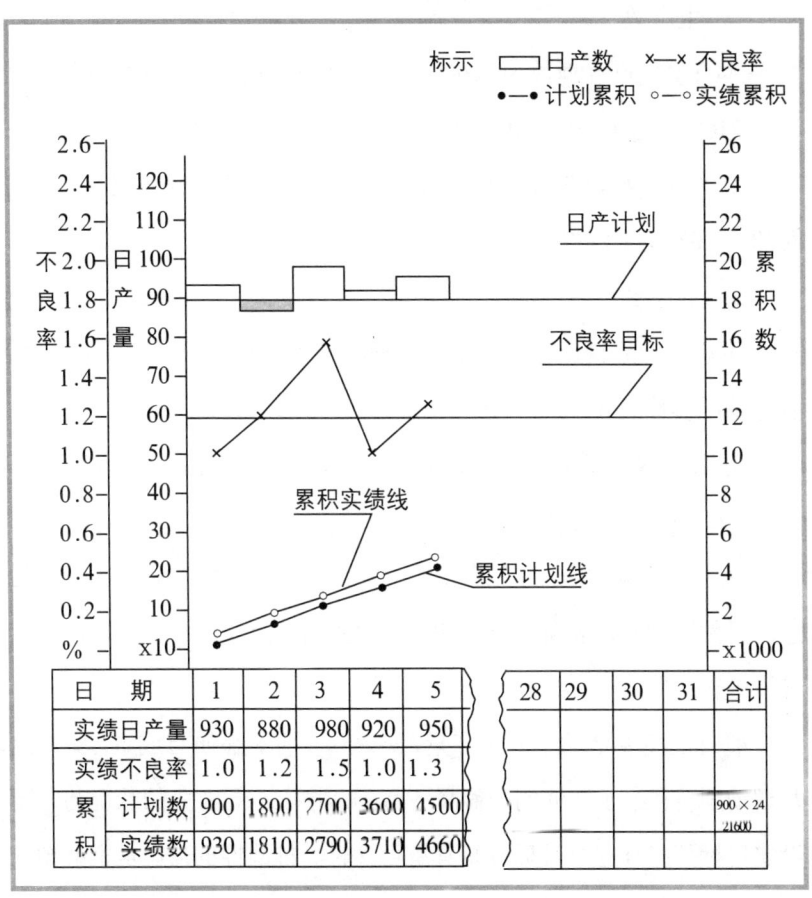

××公司（或××部门）1995年8月份产量及不良率推移状况图

(1) 推移项目有3种

① 月份内日产累积（曲线图）

② 日产数（柱状图）

③ 不良率（曲线图）

(2) 计划目标

① 生产数

本月份生产计划数为21600set，工作日有24天，则每日的分配量＝21600÷24＝900set／天

日产计划数除非有特殊状况，否则计划生产数的变动应控制在前月的±10%以内为宜。

② 不良率

不良率计划目标应依据年度计划的目标来制定，必要时亦可参酌实际情况作修订。

月度间不良率目标的调整应控制在5%以内为宜。

(3) 实际与矫正措施

从上图连续10日的实绩显示，每日的生产数均控制在目标线附近，显然管理状况良好，不良率方面9点有6点偏高，应采取品质改善措施。

管理的主要活动不外乎产量、效率、交期、品质与成本，针对这些活动项目，给予能够明确衡量的数据，并依不同时段的状况与需要设定目标值，且这个目标应是具有可达性、挑战性的，这是推移图的

第一个作用。

管理人员依此目标来准备工作、执行工作,将成果实时地记入图中,并用"一看便知"的方式表达出来,从出现的结果进行分析,并采取改善措施,这是第二个作用。

推移图目标明确、结果明确,并且一看便知,可导引下属关心,凝聚参与意识,这是第三个作用。

十一、抽样检验

1. 抽样检验的出来

二次世界大战刚开始时,美国迫切需要把平时产业转变为战时产业,虽然当初品质管制已相当盛行,特别是管制图已在工厂普及使用,但因大量的军需物资必须供应,而检查员又非常缺乏之下,军需物资的购入及验收,就不得不采取一个既经济又实用的方法。抽样检验的方法由此应运而生。

2. 抽样检验的定义

从群体中,随机抽出一定数量的样本,经过试验或测定以后,以其结果与判定基准作比较,然后利用统计方法,判定此群体是合格或不合格的检验过程,谓抽样检验。

3. 用语说明

(1) 交货者及验收者

提出制品一方为交货者,接收一方为验收者,在工厂制程中,前一制程可视为交货者,后一制程为接收者。

(2) 检验群体

所提出的同一生产批(LOT)的制品谓检验群体,简称群体。群体的大小(多少)以 N 表示。

(3) 样本

从群体内随机抽取部分的单位体,称为样本。样本的大小用 n 来表示。

(4) 合格判定个数

作为判定群体是否合格的基准不良数,谓合格判定数,符号以 C 表示。

(5) 合格判定值

作为判定群体是否合格的基准平均值,谓合格判定值,符号以 XU 或 XL 表示。

(6) 缺点

制品的单位其品质特性不合乎契约所规定的规格、图面、购买说明书等要求者,称为缺点。

缺点一般可分为:

① 致命缺点

有危害制品的使用者及携带者的生命或安全的缺点。

② 重缺点

不能达成制品的使用目的之缺点。

③ 轻缺点

并不影响制品使用目的之缺点。

(7) 不良品

一般制品均有多种品质特性，而这些品质特性里，所特定须检验项目，谓检验项目。

如果其中有一个或一个以上的检验项目不合乎规格时，这个制品就被判定为不良品，全部检验项目都合乎规格的制品叫不良品。

4．抽样检验的形态分类

(1) 规准型抽样检验

主要是以同时考虑交货者及验收者的利益和损失，而判断群体的合格与不合格为目的。

图表 2－46

```
群起                    不良品
                         ┌───┐
  ┌───┐     样品          │ X │      X＞C 拒收
  │ N │  抽样  ┌───┐ 检验  └───┘      X≤C 允收
  │ P │─────→│ n │─────→
  └───┘      └───┘        ┌───┐
                          │良品│
                          └───┘
```

(2) 选别型抽样检验

对于被判为不合格的群体采取整批全检，并将全检后的不良品退换良品。

(3) 调整型的抽样检验

依照检验的结果采用：

① 正常检验

② 加严检验

③ 减量检验

在长期交易中，利用紧松的方式，以确保品质。

(4) 连续生产抽样检验

适用于大量而连续生产的产品不断流动时的抽样检验。

5．抽样检验与全数检验的采用

抽样检验并非任何场合都适合，有些可以做抽样检验，有些就非得做全检不可。主要是看检验群体的性质、数量、体积大小，或检验所产生的经费或者检验方式而定。

(1) 适用抽样检验的场合

① 属于破坏性检验，如材料强度试验；

② 检验群体数量非常多，如螺丝等；

③ 检验群体体积非常大，如原棉等；

④ 产品属于连续体的物品，如纱线等。

(2) 适用全数检验的场合

① 检验很快，且费用少，如灯泡点火试验；

② 产品必须全数良品，如手表、照相机等；

③ 产品中只要有少许不良品，就会严重影响人身或财产安全，如

高压气筒等。

6．抽样检验的优劣

(1) 优点

① 抽检费用远比全检少；

② 检验数少，可较详细；

③ 判断不合格，全部退货，可以刺激供方加强品质管制。

(2) 缺点

① 虽然判为合格，也难免存在一些不良品；

② 可能把良品的群体误判为不合格，亦有可能把不良品的群体误判为合格。

在大量生产的企业里，如果处处使用全数检验显然是不经济的，对时间的要求也是不允许的，因之如何加强预防不良的措施，使不良率降到最低，并采用抽检进而免检，才是根本之道。

7．规准型抽样检验

依据消费者与生产者双方均可接受的OC曲线，求决定抽检方式，谓规准型抽样检验。

(1) 允许水准(Acceptable Quality Level)

对生产者来说，考虑了现有的设备、物料、管理及操作员后，认为某种程度下的不良率，消费者应可以接受，而消费者（接受者）也认为可以接受的不良率，也就是限定良品群体的最高不良率，称为允

图表 2-47

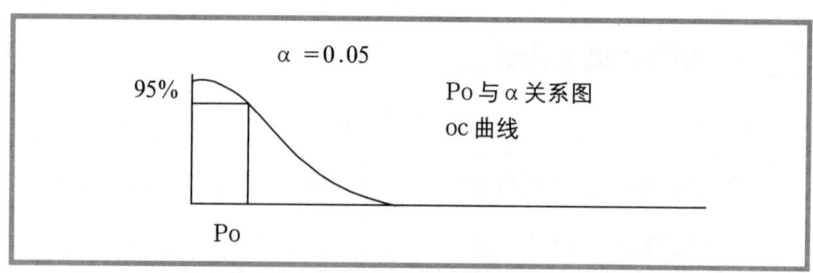

许水准,以符号 Po 或 AQL 表示。抽样检验下,虽为良品的群体,很符号以 a 表示。普通 a=0.05

(2) AQL 型抽样检验

AQL 型抽检计划的 AQL 值,为提出检验的群体,在设定 AQL 值的不良率时,被判为合格的不良率(1-a)极高。通常 a=5%。

一般适用于 AQL 型的抽样计划列举如下:

① 向不同供料商连续采购同种制品时。

② 群体被判为不合格,供方损害较大时。

③ 合乎标准的群体尽可能允收时。

8. MIL STD 105D II 抽检步骤

(1) 决定品质基准。

决定检验项目及判定规格;

(2) 决定品质允收水准, AQL;

(3) 决定检验水准,通常使用 II 级;

图表 2-48

批量			特殊检验水准				一般检验水准		
			S-1	S-2	S-3	S-4	Ⅰ	Ⅱ	Ⅲ
2	to	8	A	A	A	A	A	A	B
9	to	15	A	A	A	A	A	B	C
16	to	25	A	A	B	B	B	C	D
26	to	50	A	B	B	C	C	D	E
51	to	90	B	B	C	C	C	E	F
91	to	150	B	B	C	D	D	F	G
151	to	280	B	C	D	E	F	G	H
281	to	500	B	C	D	E	F	H	J
501	to	1200	C	C	F	F	G	I	K
1201	to	3200	C	D	E	G	H	K	L
3201	to	10000	C	D	F	G	J	L	M
10001	to	35000	C	D	F	H	K	M	N
35001	to	150000	D	E	G	J	L	N	P
150001	to	500000	D	E	G	J	M	P	Q
500001	and	over	D	E	H	K	N	Q	R

(4) 群体批（LOT）的构成，尽可能接近同一条件下的产品；

(5) 求样本代字。（见图表2-48）

可查出某一群体批量及持定检验水准的样本代字；

(6) 决定抽检方式，使用一次抽样还是多次抽样；

(7) 决定检验严格性；

① 一般开始使用正常检验。

② 正常检验→严格检验：连续抽检5批中有2批被拒收。

③ 严格检验→正常检验:连续 5 批被允收，则调回。

④ 正常检验→减量检验:连续 10 批全被允收者。

(8) 查出抽检方式;(见图表 2 – 49)

① 由表上查出样本的代字的行。

② 由表上查出所指定 AQL 的列。

③ 由样本代字的行与 AQL 值的列交会点，查出合格（Ac）判定个数及不合格（Re）判定这个数。

(9) 样本代字查出抽取样本数 n;

(10) 抽取样本;

(11) 测定样本，并判定群体批是允收（Ac）还是拒收（Re）

9．抽取样本的方法

抽样检验时，所抽取样本，必须能代表群体品质，也就是要能够"再现性"，才能达到抽样检验的目的。普遍使用"随机抽样"的方法。

※※※※※※※※※※※※※※※※
※　　留住一位老顾客比吸引 5 位新顾客更重要　　※
※※※※※※※※※※※※※※※※

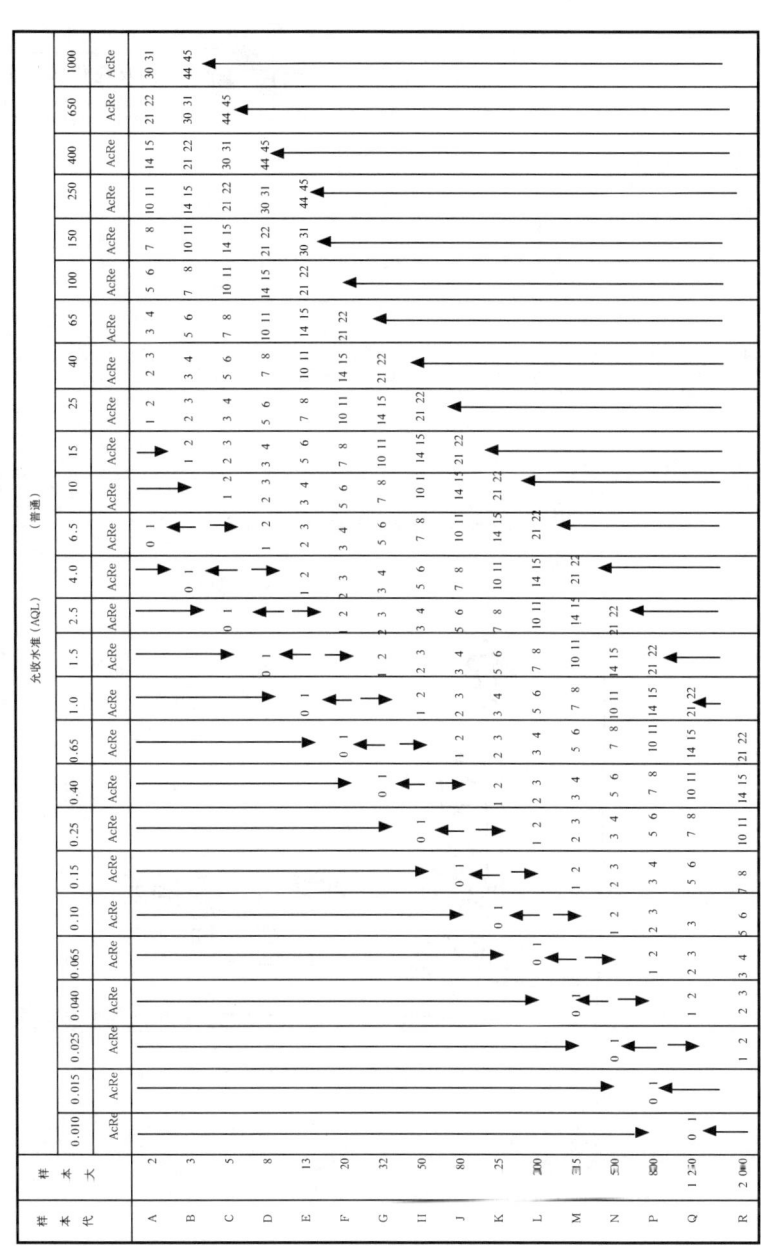

图表2-49 MLD STD-105D 单次抽检方式正常检验（单次）

推行品管，可降低成本，增加利润。

十二、品质成本

企业内推行品管不力,或品管功能不彰,分析其原因,相当程度上企业主管们对于品质成本缺乏认识。

员工教育是预防成本,品质检验是鉴定成本,不良品是失败成本。

销售收入=(品质成本(预防、鉴定+失败)+制造成本+利润

图表 2-50

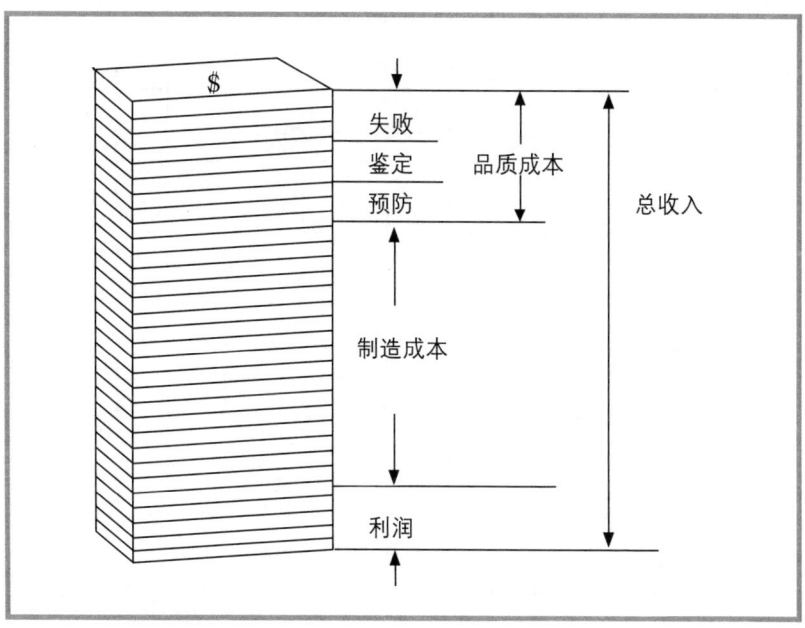

1. 品质成本分类(见表 2-51)

(1) 预防成本(Prevention Cost)

为了防止所用材料制程中的产品发生瑕疵、不良品所投入的成本

图表2-51 ____月份品质成本分析表

主管　制表　　　　　　　　　　　　　　　　　　　　　　　　　　　　　日期 _____

分类	项目	细目	费用	总计	占⑤比率	分类	项目	细目	费用	总计	占⑤比率
① 预防成本	1.品质工程					③ 内部失败成本	1.报废				
	2.品质会议						2.重加工				
	3.品管活动						3.因品质停工损失				
	4.新产品审核										
	5.品管教育训练					④ 外部失败成本	1.服务材料损失				
	6.协力厂辅导						2.抱怨处理损失				
② 鉴定成本	1.进料检验部						3.减让损失				
	2.制程管制						4.逾期交货赔偿				
	3.成品管制						5.新品交换				
	4.破坏性检验						6.服务费用				
	5.委任实验费					⑤	品质成本总计=①+②+③+④				
	6.量仪校验费					⑥	制造成本				
	7.检验仪器折旧					⑦	销货金额				
	8.可靠性实验费					⑧	品质与制造成本率=⑤÷⑥				
	9.实验损耗费					⑨	品质成本占销货额比率⑤÷⑦				

叫预防成本,如:员工教育费用;协力厂教育费用;可靠性的检测仪器购置费用;制程分析及修正。

过去,不少的企业,对于投资于事先的预防,不太积极,但事实证明,只要投入少部分的预防成本,往往可得到相当效益的回馈,且企业体质在有形无形中会获得改善,提升企业竞争力,此做法也是企业内将检验的品管往管制的品管方向调整的关键做法。

(2) 鉴定成本(Appraisal Cost)

为了鉴定材料、产品、作业系统所产生的费用,如检验、稽核、试验等所产生的薪资及检验设备费用,叫鉴定成本。

(3) 失败成本(Failure Cost)

失败成本往往是一般管理较不上轨道的企业,付出代价(成本)最高的一个项目,它又可分为内部失败成本及处部失败成本。

内部失败成本:在厂内所产生的材料及产品报废、返工整修、再检验及处理者的人力成本。

外部失败成本:指在厂外,客户退回不良品,对次级品应允的减让索赔,甚至包括企业形象的损失。

管理当局常以"品质成本"占"制造成本"的比率或"品质成本"占"销售成本"的百分比等两项比率的大小,来衡量:品质管制部门的成效、制造部门的品质实力、工厂内部管理、企业利润的重要指标。

经营事业的成败,关键因素很多,但聘用合适人员为第一要务,过去事业主持人,不惜重金礼聘"制造"、"财务"、"销售"高手,但依据1994年台湾企业内职务别薪资的调查,品管高手已普遍成为企业内较高薪的一群。可见对品管日趋重视的程度。

大部分的企业没有计算品质成本的做法,也就难以凸显品管的成果,也造成了甚多企业忽视品管的原因。事实上企业的根基,主要在于品质,它不仅可让企业在激烈的竞争中立于不败之地,更是企业求取利润空间很重要的手段。

2. 品质成本的重要性

经常有品管人员问我,他的老板不重视品管,或是在执行品管工作很难做。我通常回答他们一句话:假如你能把品质成本分析计算出来,并且按月呈报,情况应会改变。

事实上这种现象在企业相当普遍地存在着。虽然几乎每位企业主管均很重视品管的工作,但是"品质"这个东西,对认识不深的人究竟还是很模糊的,若再加上品管人员假如对品质管制的技术认识或方法不足,叫老板的很器重你这个品管的工作,的确也是很难,不如生产量多少就是多少,或有无如期交货,交了货以后能收入多少"钱",来得实际。

谈到钱,老板最敏感了。品质成本计算表就是计算钱。这些钱(成本)是否正常,是否浪费,庞大金额的品质成本浪费,削减了应该有的利润,当老板的看在眼里,痛在心里。也许这正是他下定决心做好品管的契机呢。

前面有介绍总售价减去总成本应该剩下的就是利润。其实不然,假如销售利润正常有15%,但品质成本占总成本的比率如是10%,则真正的利润只能是 15% − 10% = 5% 了。

3．品质成本分析的启示

本人一直在呼吁，企业的生命在于品质。而要做好品质的工作，就要从传统的对产品进行检验，转向运用品管手法的预防产品不良或改善不良产品的品管，并全体动员来做。对此，如何进行这个工作，则企业主管人员应要有正确的认识及下最大的决心。

(1) 先从制造成本与品质成本关系来探讨

相当比例的企业主管只着重于制造成本，而忽略了品质成本。而制造成本主要的构成来自于两项，一个是物料成本，另一个是人工成本。精明的企业主管为了压降这两项成本，就尽可能地以低价来购料，以低工资来聘工人。依此低价或低工资的策略所购进的料或聘用的人，一般来说总是品质较低，再不然就是不稳定，不稳定自然影响效率与品质。

低品质的条件下，品质成本内的鉴定（检验）成本及失败（不良）成本自然大幅提高，这是启示之一。

笔者曾服务某一个工厂，有一次老板半开玩笑地对我说："我几个朋友的工厂，工资只有××钱，福利措施也很少…"。我也半开玩笑地问他："那几家工厂是否管理混乱，效率低，或品质不好…"，老板不语。

(2) 再从品质成本分析表内的结构来看

传统型检验品管的工厂内，品质成本的构成中，预防成本微乎其微，而利用大量的人力做检验工作，自然产生庞大的鉴定成本，更可怕的是大量的检验人员挑出大量的不良品，失败成本的损失将更难以接受。再者，一般来说，检验产品一般的检出误失率也在20%左右，可见不良品流至顾客的机会也相当大，不仅对顾客的品质信用降低。也损害了企业形象（企业形象品质的损失），一旦发生退货索赔或其他费用，有时会相当惊人，无法承受。从上面可得知，运用传统检验品管的工厂，其品质成本主要来自于失败成本及鉴定成本。损失金额庞大，且品质混乱。假如品管部门内加强品质预防及品质改善措施，比如增加品管工程师或品管技术人员，这样做当然会增加有限度的预防成本，这些人主要从事于品管活动的企划与推动、品质工程改善、品质教育训练及供应厂商的管理及品管辅导。如此一来则产生一个连锁效应。

效应1：供料厂商供料品质稳定，生产效率高，品质稳定，不良品少。制造成本可降低，且生产顺利，交期确保。

效应2：不良品少，可减少检验站，或实施抽检进而免检，如此一来，可大幅降低鉴定成本。

效应3：品质稳定，不良品少，报废及返工重修减少的结果是失败成本也跟着大幅下降。

效应4：品质稳定，交期确保，顾客自然满意。

从品质成本表的两种分析中，我们得到如下启示：重视品质，企业才有利益，推行品管，应从预防的品管及管制的品管着手。

着手的方法是：

① 最高主管重视品管。

② 健全的品管组织。

③ 有品管技术人员。

④ 全员参加品质活动。

4．品质成本分析表的用法

前面提过，品质管理正确的做法应是提升有限的预防成本来降低大幅度的鉴定成本及失败成本，但因每个企业的组织及产品不一样，于此提出一个参考数值作为衡量的标准。

预防成本：鉴定成本：失败成本＝20%：30%：50%

再者，成本分析表内，品质成本占销货额比率：10%以内可接受；

15%以上则利润大幅减少；

20%以上则一般的企业已无利润或亏本经营。

控制品质成本，就得分析品质成本内的组成（3种成本）所占的比率，往往是提升少量的预防成本，就可降低大幅度的鉴定成本及失败成本。这也是应用品质分析表来协助经营管理很重要的做法。

十三、制程流程图

品质的不良，来自于生产条件的变异。生产条件之一的方法（技术）通常指的是单一个工作的操作技术。同样的，一个无懈可击且稳定的生产流程也是提高效率及稳定品质的重要因素。

近代的工厂规模愈来愈大，且产品的制程也愈来愈复杂，但工业工程（IE）的迅猛发展，如同人们熟知的QC手法一样，也将复杂的一些理论基础，发展成既简单又实用的一些IE手法，提供给我们更方便的管理及改善工具，制程流程图为其中的一种。

IE主要技法有工作研究(OR)、方法研究(MR)、工程分析(EA)、动作研究、动作经济原则、时间研究、标准时间、工作抽样法、工作简化法、生产线平衡法。这些方法在另著《管理技术》有详尽的介绍。此处仅就影响品质管理较大的制程流程图作一简介，下一章再对MR作一简介。

1. 流程图的构成（见表2-52）

⑴ 使用工程符号（作业、移动、检验、停滞）

⑵ 各工程符号的连贯

⑶ 工程名称

⑷ 使用机器设备

⑸ 材料

⑹ 重点管理事项

⑺ 各工程的实际工时

⑻ 人员配置

⑼ 产能平衡状况

⑽ 标准不良率

⑾ 依据上面的资料可计算出标准良品工时

⑿ 标准配置人员的标准产量

流程图的做成一般是由研发部门打样完成或小量试产后，在正式大量生产前做成，并在正式量产中再由 IE 人员进行改善修订。

2．制程流程图的效用

一张完整可靠的制程流程图，几乎包括生产管理上所有的管理项目，它的效用有：

(1) 提供生产计划，作为较精密的计划与控制的依据；

(2) 生产部门工作现场的布置；

(3) 作为人员与机器产能计算的依据；

(4) 提供人力、物料及机器设备的及早准备；

(5) 作为技术的储存，减少管理误失；

(6) 作为生产线平衡调整的依据；

(7) 作为新产品量导入的依据；

(8) 流程图也可以视同为标准书，品质可得稳定。

3．流程图的变更

生产方法一直在改进，新的方法一出来，流程图也得随之变更，产生新的作业标准。

※※※※※※※※※※※※※※※
※　　企业不追求品质将无以生存　　※
※※※※※※※※※※※※※※※

图表2-52 扬声器制造流程图

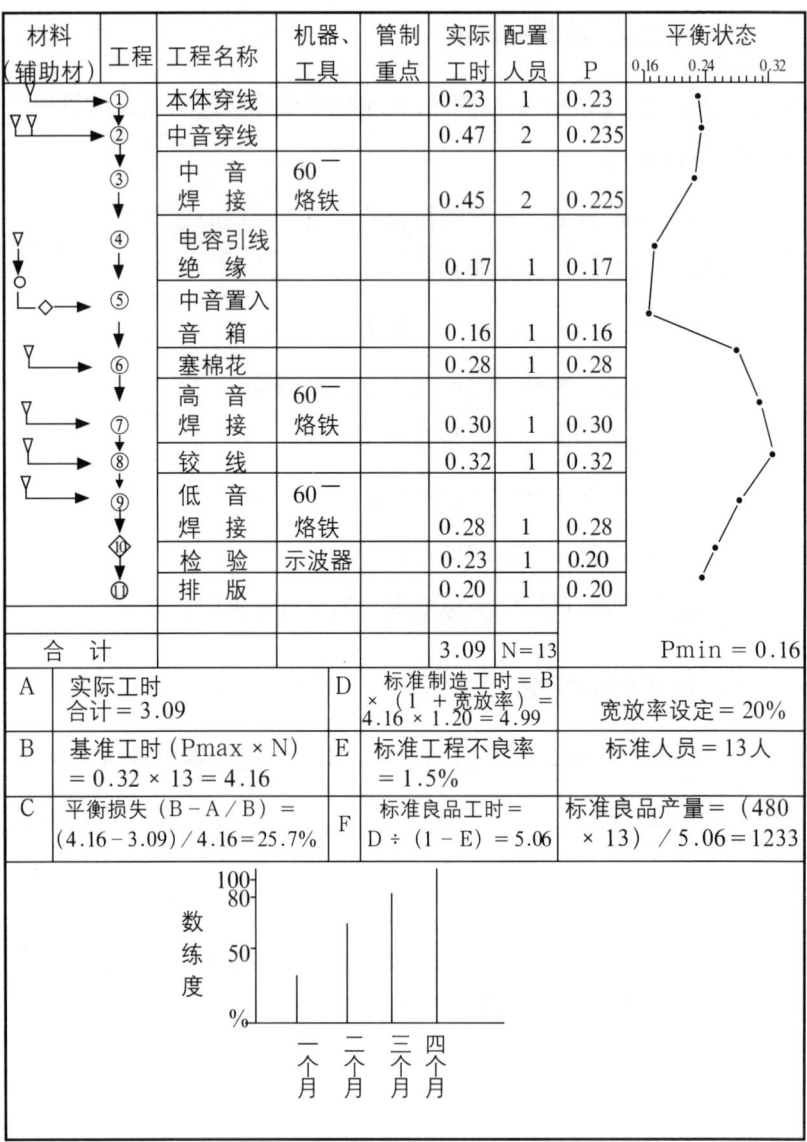

第二篇　品管应用手法

对事要怀疑，是否有更好的方法，
对人要信任，你才有机会成为一
个出色的管理者。

十四、方法研究(Method Research, MR)

IE里"工作研究"是以生产工厂的整个制造系统为主要的活动对象,而工作研究的动作技巧主要是由"方法研究"及"作业测定"所构成。

而"方法研究"又是由"动作研究"发展而来,其目的是追求最完善、最有效率的生产系统及工作方法,并加予确立。

"作业测定"又是由"时间研究"发展而来,与"方法研究"同时配合进行,或者可说是方法研究所确定的生产系统及工作方法。它定量测定"多余的时间"要素及"无效的时间"要素等非生产部分,并进行削减,并作为以后管理计划及控制的依据。

针对以上对"方法研究"与"作业测定"的了解,也可说"方法研究"与"作业测定"是一体两面,具有互补性。当在做"方法研究"时,虽然目的是要取得"最佳的方法",而在取得后,就需要把"时间"确定。

反过来说,在测定"时间"时,也要考虑测定的"时间"是否是最佳的"方法"了。

近代的企业之所以能够在规模上不断地扩大,并维持高效率及高品质的动作,主要得益于系统化、标准化的管理简化之助,将工作方法不断的研究改善,并加以确立,工作品质自然易于控制。

1. 方法研究的技巧

如何进行"方法研究",首先应从生产现场的工作系统来探讨。

(1) 生产对象(物)

应经由作业过程,经由时间、空间的变化,进行逐一的分析研究。此部分也就是广义的"工程分析",也可说是一种"生产系统分析"。可使用产品工程分析表、生产流程图等分析工具、从原料到成品,来做经济性的探讨。

(2) 生产主体(人)

人是生产的主体,对作业过程,在生产对象物的工作方面做分析研究。

此部分是广义的"作业分析",也就是"工作方法分析"。可借由作业者的作业规范、工作抽样、基本动作、PTS或影片进行分析,或应用"动作经济原则"在作业过程,分析人、机的稼动状况。在人与机的配合上追求作业地区或作业者的作业方法的合乎目的性、合理性。

对于检讨的对象及能适用的主要方法研究,其分析技巧如下表:

※工作抽样及PTS虽是作业测定的分析手法,但同样使用在方法研究的手法中。

2. 方法研究实施步骤

使用方法研究的技巧,以期解决问题的原则性步骤:

(1) 选择问题,并将问题的目的明确化。

问题的选择可来自3种情况。

图表 2－53 方法研究分析技巧

探讨项目	内　　容	分析手法
制造整个工程系统	从原料生产成品至出货为止。	1.制造流程图分析 2.操作标准书分析
工厂布置 物料移动	工厂内部门与部门之间及人与物料之活动。	1.流线图分析 2.模型配置分析
作业区域的研究配置	作业者的位置及作业者周围的物品的放置。 作业者物品移动的方法。	1.由基本动作的动作研究 2.PTS 3.动作经济原则 4.作业简化原则
组合作业或自动机械作业	以组合进行的共同作业完成或以自动机器作业的人与机器的配合。	1.连合工程分析 2.工作抽样 3.作业简化原理
作业重的作业员动作	短的作业周期且高反复度的作业员动作。	1.简单动作的动作分析 2.PTS 3.动作经济原则

※工作抽样及PTS虽是作业测定的分析手法，但同样使用在方法研究的手法中。

① 利用现有的资料，整理出问题点，并把握原因；

② 将来可能发生的问题并预测潜在的原因；

③ 认为应该解决的问题。

选定的问题将目的明确化。

选定的问题对期望的成果（目标）予设定。

(2) 设定理想方法

应认清目的与手段的关系之后，再去抓住要达成最终目的的最经济手段是什么。也就是说在步骤2里，尽量避免现行方法的影响，应思考对于所选定问题理想的方法。

(3) 现状分析

对选定的问题，使用IE技巧来加以直接观察，并作成数据分析。

4．比较分析结果

将步骤3的现状分析与步骤2所设定的理想方法作比较，要使现状与理想的方法的差异明确化。在此可使用"5W1E"法加以探讨。

WHAT：做什么？有必要吗？

WHY：为何要做？目的在哪里？

WHERE：哪里做？没有更适合的场所吗？

WHEN：何时做？时间是否适当？

WHO：谁做？有没有更适合的人？

HOW：如何做？有没有更好的方法？

5．改良方法设计

经过探讨的整理之后，考虑现在或将来或在企业的限制条件之外，来设计一个最佳的工作系统或方法。

下面是一般企业里所要考虑的限制条件：

(1) 生产数量

(2) 使用空间

(3) 品质、机能

(4) 管理复杂化

(5) 过多的人员

(6) 费用

(7) 实施日程

(8) 劳务关系

上面的这些限制条件应予以考虑，并进行改良方法的设计。改良方案的设计，应先试行，并做逐项修改，才可定案。

6．标准化及实施

改良方法，即为新的最佳方法，经过认可后，即作成作业标准书，并以此训练、教导员工执行新的工作方法。新的工作方法也应该给以新的标准时间。

第三篇

工厂检验制度设计与应用

一、品管组织与工作职掌

二、作业标准与检验标准

三、检验制度

四、进料检验与供应商

五、制程巡检与线上检验

六、出货检验与品质稽核

七、品质工程与不良改善

八、操作者自主管理

不放过任何问题,并寻求改善,你的管理「功力」自然会大增。

一、品管组织与工作职掌

一个企业内品质管制要成功，第一个要件要有企业最高主管的重视，第二应该要有专门的品质管制技术人员，第三要有全员的品质管制普及教育，提高全员品质意识，第四要有健全的品管组织。品管技术人员的养成与获得，除了企业内借助于教育训练的实施外，有时可由顾问公司来协助。

重视品质管制，首从品管组织的确立着手。品管组织以何种方式较为适当，并无一定的定论，主要视工厂的规模、制品、生产形式等来决定采用何种方式。

1．中大型工厂

图表 3－1

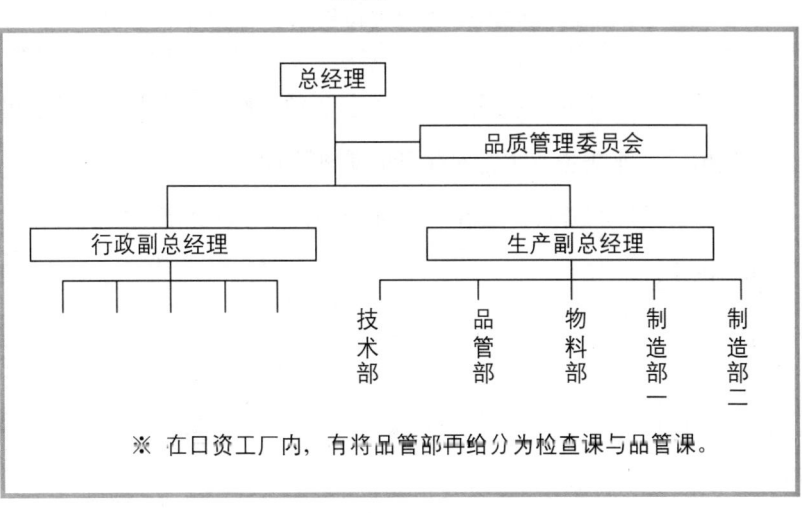

※ 在口资工厂内，有将品管部再给分为检查课与品管课。

2．中、小型工厂

图表3－2

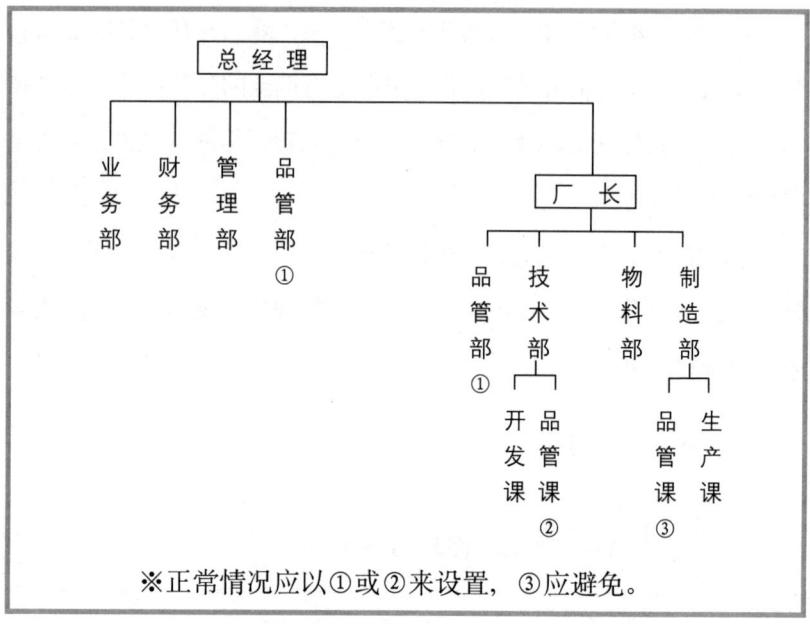

※正常情况应以①或②来设置，③应避免。

一个企业的组织图把品管部门的位置放在哪一个位阶上，几乎可以反映出此企业或企业主管对品管的重视程度。

当然，最好的方式是放在一级部门的位阶，而最糟糕的是放在生产部门内了。

3．品管组织

图表 3-3

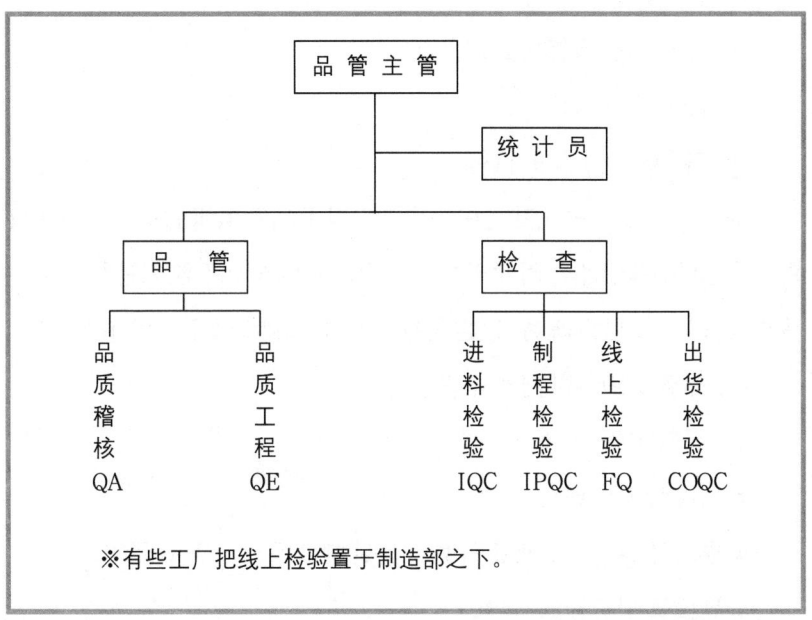

上图是一个中型工厂的品管组织，在策略上应逐步提升品管的比重，在品管的预防功能获得提升后，检验工作则可逐次降低，也就是整个品管部门的人员，应力求精简，并加强品管技术的应用。

(1) 品管部机能

① 对全厂品质管制教育的实施；

② 品质活动的制定与推动；

③ 品质规范的建立；

④ 制程能力的解析；

⑤ 异常的对策改善活动；

⑥ 提示管制图或品质报告；

⑦ 供料厂商的辅导；

⑧ 客户品质抱怨的处理；

⑨ 品质成本的计算；

⑩ 各种检查工作的执行。

时下不少工厂，尤其是中小企业，对于品管组织的动作，往往仅限于静态的检验工作，而对于如何利用品管的统计手法来进行动态的品质改善活动，显得薄弱。这也是推行品质管制绩效不彰的主要原因。

(2) 品管组织各部门作业职掌

① 品管主管

● 品质管理计划；

● 导入计划，教育训练计划，品管制度设计，表单设计；

● 品质管制实施的督导；

● 重要品质问题的决定；

● 品质报告的提出。

② 统计员

● 检查部门提出检查报告的集计；

● 管制图的绘制；

● 品质成本计算；

● 主管交办。

③ 检查

检查部门为品管组织的基础,通过检验工作,可得知厂内:物料、半成品、成品的品质状况,并将信息反馈(Feed Back)给品管主管,采取必要措施。

④ 品管

● 品质工程 QE

依据检查各部门所提供的信息进行下列工作:

a. 对供料厂商进行改善辅导;

b. 针对生产现场做制程解析,进行改善活动;

c. 制定检验标准;

d. 统计方法应用上的推进。

● 品质稽核 QA

a. 出厂前产品抽检;

b. 品质动作系统及有关规范执行情况的查核;

c. 对客户抱怨进行应急对策及防止再发生处理。

二、操作标准与检验标准

操作标准(STANDARD OPERATION PROCEDURE,SOP)

所谓"制造",不仅是生产产品,而且含有以正常成本的费用、正常的使用工时及在所定的期限内、制出品质最均匀、符合规格的产品。要达到上述目的、如果制造现场的作业工程如制程的前后次序随意变更,或作业方法或作业条件随人而异有所改变时,则一定无法生产出符合上述目的的产品。因此，必须对作业流程、作业方法、作业条件加以规定，使之标准化。此标准化即为一般所谓的"作业标准"。

1．制定操作标准的目的

(1) 工作累积下来的技术经验，保留于操作标准中，防止因技术经验的人员流动而使技术流失；

(2) 操作人员的训练，易于实施，并于最短的期间内习得正确的作业方法，尤其在人员流动大的工厂内，更为需要；

(3) 实施标准化的操作，易于追查不良的原因。

实施标准化的操作后，遇有品质异常发生时，可依据操作标准逐步追究，可在最短时间内，找到不良原因的所在，实时调整，可收事半功倍之效。

2．制定操作标准的准备

(1) 实施操作标准前，应让员工先行认识，并了解使用方法；

(2) 制定操作标准部门可由技术部门或制造部门有经验的人来执行；

(3) 制定操作标准应拟订完成期限，在平常于新产品正式投产前应完成，并发放有关部门。

3．格式（见图表3-4）

图表3－4 ××工业股份公司作业标准书

编号

产品号		工序		工序名称			检验标准编　号	
图示					操作说明及注意事项			
检验项目								
项次	项目	规格		检验方法				
使用物料	项次	名称	规格	数量	使用机具	项次	名称	规格	数量

使用物料					使用机具				
标准工时			标准不良率						
制订	作成		修订	符　号	⚠	②	③	④	发行	部门	品管	制造	技术
	审核			日　期									
	核可			修订者					签收			

※本标准书由技术部作成，经厂长认可。修订亦同

4．操作标准的使用

(1) 用于教育训练与工作教导；

(2) 应置放于工作台前；

(3) 领班及主管经常性查核；

(4) 制程巡检检查。

5．操作标准的修改

标准化——将工作予以规定化。

合理化——将已标准化的工作加以改善、突破所得到的新的方法，即是新的标准。

新的方法建立时，对原有的操作标准，应加以修订，使操作标准书随时保持最新、最好的状态。

(1) 操作标准修改的时机：

① 原操作标准内的规定，于实施过程中，可能会发现有不适当之处；

② 在机械、工具或生产技术经过改良而提出新一代的方法时。

操作标准是以规范工厂中的生产活动而制定，也是防止品质变异最有效的管理工具，也可以说是工厂内各项规范中最为重要的技术资料，因之生产工厂应予重视，并确实付的实施。

检验标准(STANDARD INSPECTION PROCEDURE，SIP)

一个完整的品管制度，检验标准是不可或缺的。除了作为品管作业的依据外，也是全公司共同遵行的准则，可减少作业过程中的争议。

检验标准，主要在于载明检验作业有关文件，用以规定及指明检验作业的执行，以便于在繁杂的检验作业中，不易招致疏漏及处理上的混乱。

(2) 检验标准的分类：

① 厂内生产用（图表3-5）

此类比较简单，单工序的检验可合并于作业标准书内注明，着重在于制程中之线上所设置的检验站。此类检验通常采用全数检验较多，检验标准内强调：检验项目、规格、检验方法在进入成品仓前，有些产品还须做可靠度的环境试验（抽检）。

② 来自厂外验收用（图表3-6）

例如来自厂外的购买料或托外加工的半成品、托外生产的产品，此类牵涉到要求事项、比较标准、权利与义务等，所以必须有较完整的SIP，并于合同签订时予以列入，以避免以后交货时发生争议。

此类通常采用抽样检验，使用AQL MIL STD 105D 表，应包含：允收水准、检验项目、检验方法、量测具的标准、包装标准。

※※※※※※※※※※※※※※※※※
※　品质 — 减少浪费，提升生产力的手段。　※
※※※※※※※※※※※※※※※※※

图表 3－5 检验标准（厂内生产用）

| | | | | | 编号 | |

产品号		工程名称		使用方法	□ 抽检 □ 全检
图示		检验项目			
		项次	项目	规格	检验方法
		1			
		2			
		3			
		4			
		5			
		6			

不良要因分析图

工程 标准不良率					改善 责任者			
制订	作成		修订	符号	① ② ③ ④ ⑤ ⑥	发行	部门	
	审核			日期			签收	
	认可			修订者				

※本表由品管部提出，经厂长认可。

图表3－6 检验标准（来自厂外验收用）

编号 □

产品名			年用量			单价	
图示			检验方法		□抽检 □全检		
			允收水准		AQL %		
			包装标准				
			附 记				

检验项目							
项次	项目	规格	检验方法	项次	项目	规格	检验方法
1				9			
2				10			
3				11			
4				12			
5				13			
6				14			
7				15			
8				16			

制订	作成	修订	符号	1	2	3	4	5	6	发行	部门
	审核		日期								签收
	核可		修订者								

※本表由品管部门提出，经厂长认可。

有进步就是「改善」，就是满分。
不要好高骛远，只要循序渐进，就可得到……

三、检验制度

产品的功能来自于产品设计。

当产品进入量产化以后,其品质主要决定于:原物料(含补助材料)的优劣;机器、模具、夹治具的状况;生产方法的标准化;作业人员的稳定性;环境变化的因素。

检验是实施品质管制最基础的手段。通过检验工作的进行,可以评鉴品质状况,并且获得品质信息的回馈(Feed Back),采取矫正及改善措施。

图表 3 – 7 Deming 循环图

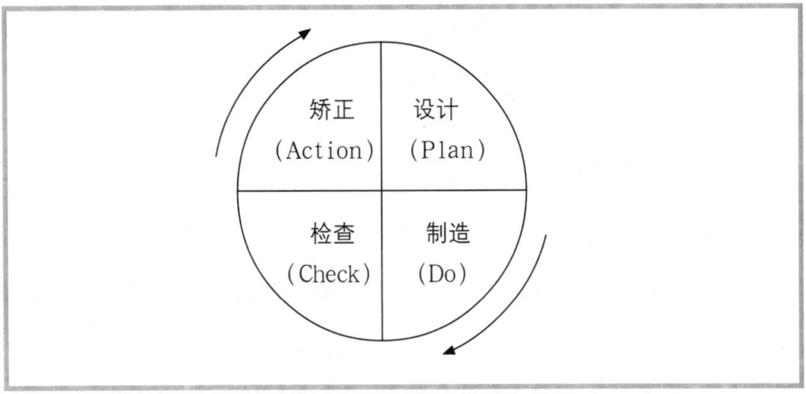

```
       ┌─────────┬─────────┐
       │  矫正   │  设计   │
       │(Action) │ (Plan)  │
       ├─────────┼─────────┤
       │  检查   │  制造   │
       │ (Check) │  (Do)   │
       └─────────┴─────────┘
```

检查在工厂的生产活动里,作为管理循环的一部分。如戴明(Deming)循环图所示,产品经过设计(Plan),交由制造生产(Do),生产的产品经过检查(Check)评鉴品质状况,再对不良状况加以解析,随后做改善活动(Action)

检验只是品质管制中的一种手段,并没有达到提高品质的功能。重要的是应用检验所取得的信息进行品质改善活动,才能提升品质。

检验的主要目的,就是"不让不良的物件,流入次工程"。在工厂里,检验制度通常包括:

- 进料检验(Incoming Quality Control, QC)
- 制程检验(Inprocess Quality Control, PQC)
- 最终检验(Final Quality Control, FQC)
- 出货检验(Outgoing Quality Control, OQC)
- 品质稽核(Quality Audit, QA)

将在后续逐一介绍。

四、进料检验与供料商

1. 供料厂商

好的原料 + 好的生产 = 好的产品

一个名厨大师(好的－生产),如果没有适确的材料(好材料)及好的调味料(好的辅助材)。哪怕再有好的调理设备(生产设备),也无法做出美餐佳肴。因此产品要好,第一个就是要加强对原料的供给源头做好品质管制。

所谓优良的原料供给品质是指合理、稳定的、经济的品质。如果取得优良的原材料,最主要的工作是慎选"供料厂商"。日本企业近几十年来在世界经济舞台上出色的表现,除了众多的因素之外,日本企业均布建强有力的"协力厂",进而连成一种"协力网",产生了一种"生命共同体"意识,实是重要的关键因素。

好的供料商能提供良好的原料,省去大量的检验人力及因不良所产生的处理上的诸多问题。因此如何选定来往供料商,应予相当的重视。

(1) 供料商的选定

① 厂内应成立评选小组,成员应包括品管、技术、采购等人员;

② 使用供料厂商调查表(图表3-8),经供料厂商实际调查了解后,决定来往厂商;

③ 供料厂商的供料状况,应予定期评鉴;

④ 对供料厂商,应实施品质或管理的协助与辅导;

⑤ 每年至少召开一次供料厂商会议。

(2) 供料厂商的奖惩

① 年度表现绩优的供应厂商,应予精神奖励或在货款提领时间上优惠;

② 绩差的供料厂商,应考虑予汰换。

(3) 对供料厂商的评鉴通常采用5R法

① Right Quality 即适质:经过验收后,统计的品质状况;

② Right Price 即适价:与其他厂商的比价;

③ Right Quantity 即适量:每批交货的数是否准确;

④ Right Time 即适时:交期准时状况;

⑤ Right Place 即适地:地点远近(此点关系交货前置期及售后服务)。

选择供料厂商，事实上就是选择事业伙伴，因之一个好的供料厂商。它应具备：
- 经营者应有正确的经营理念；
- 有好的企业组织；
- 有完整的管理制度；
- 有健全的品管制度及品管人员；
- 有足以保证产品品质的技术能力；
- 符合要求的机器设备。

2．进料检验

进料检验又称检验，是管制不让不良原物料进入物料仓库的控制点，也是评鉴供料厂商主要的信息来源（见图表3-9）

所进的物料，又因供料厂商的品质信赖度及物料的数量、单价、体积等，加以规划为全检、抽检、免检。

全检：数量少，单价高。

抽检：数量多，或经常性的物料。

免检：数量多，单价低，或一般性补助或经认定列为免检的厂商或局限性的物料。

(1) 检验项目

大致可区分为：

① 外观检验

② 尺寸、结构性经验

③ 电气特性检验

④ 化学特性检验

⑤ 物理特性检验

⑥ 机械特性检验

各种产品依要求项目，列入检验。

(2) 检验方法

① 外观检验：一般用目视、手感、限度样本；

② 尺寸检验：如游标卡尺、分卡、塞规(GO NOGOGAUGE)；

③ 结构性检验：如拉方计、扭力计；

④ 特性检验：使用检测仪器或设备。

(3) 抽样检验

一般使用随机抽样。

(4) 验收条件

① 一般采用规准型，但假如供料厂商遥远，经协商也可使用选别型；

② 允收水准（AQL）须协商，一般可订在 $0.5 \sim 1.0\%$（或依特定产品而定）；

③ 采用 MIL-STD-105D 检验水准 Ⅱ。

(5) 合格品处置

填发检验合格票，并于外箱标示。合格品移入物料仓。

(6) 不合格品处置

① 填发不合格票，并于外箱标示。不合格品移至待退区处理；

② 如须代为选别，选别工时折算的费用及不良品折算金额填发扣款单。

(7) 注意事项

① 购料对象就慎重物色管理制度好、品管重视的厂商。可减少相当比例的管理成本及品质失败成本。并不是买最便宜的就是好；

② 订购时双主应于购置合同内制定品质项目及验收条件，以加强供料厂商的品质管制及减少争议；

③ 使用规准型还是选别型，可视材料市场货源供给状况来订，正常使用规准型。

如有缺料之虞可使用选别型；

④ 每个月应对供料厂商的实绩作评鉴，并以推移图表示。

如前所述，有好的供料厂商，它就有能力提供及时或品质稳定的物料。在品管体系已相当上轨道的企业里，进料检验已在容许的情况下被取消，取而代之的是甄选供料厂商及对选定的供料厂商加以辅导。因之一个能够得到认定或得到控制的供料厂商，就可得到信赖，也是降低时料检验成本的先决条件。

※※※※※※※※※※※※※※※※※※
※　　做好品管，要修炼「理直气和」的功夫。　　※
※※※※※※※※※※※※※※※※※※

图表3-8 协力厂调查评鉴表

NO.
日期：

一、组织状况

厂商名称		法定代表人	
厂商地址		TEL NO.	
		FAX NO.	
注册资本		创立日期	
组织体制		员工人数	总人数：男：人，女：人

二、生产状况

主要产品			
月生产量		销售方向	
材料来源		技术来源	

三、主要机器设备

名称	厂牌	单位	数量	使用情况	名称	厂牌	单位	数量	使用情况

四、品管状况

品管归属		组织构成	
检验项目		检验设备	
通过或依据何类标准			

续图表

五、请厂商准备下述资料并由本公司确认			
公司简介：	公司组织结构图：		
品管组织图：	各类标准认定书：		
材料用量表：	作业标准书：	品质标准书：	
抽样计划：	进料检验报告：	出货检验报告：	
教育训练记录：	仪校记录：	设备保养记录：	
六、本公司评鉴人评介			
管理水准		检验水准	
技术水准		作业水准	
工厂设施		整理整顿	
总评：			
		评鉴人：_____	
七、本公司合部门意见			
采购			
品管			
生技			
开发			
总经理			
八、分发			
采购	品管	生技	开发		

备注：本表由本公司采购交厂商填写由一至四项后交回本公司，并按第五项要求准备相关材料，以备本公司评鉴人确认。

图表 3-9 进料检验记录

		检验批编号	
		日 期	

供料商		品名规格		交货数量		交货日期	
检验方式	□加严检验 MAJ □正常检验 NOM □减量检验 MIN		样本数			最终判定 □允收 □特采 □选别 □拒收	
	允收水准 AQL= %		判定	MAJ	NOM	MIN	
			AC				判定者：___
			RE				核可：___

检验状况

项次	规格	公差	检验方法	检验结果										备注
				1	2	3	4	5	6	7	8	9	10	
1														
2														
3														
4														
5														
6														
7														
8														
9														
10														

附记：

图表3-10 材料不良改善通知书

NO _____
日期 _____

供料商			品　名		规　格 (料号)			
交　货 日　期			交　货 单NO.		交　货 数　量			
检验 方法	□全检 □抽检	不良数 检验数		不良率		前批 不良率		%
不良内容(图示)		项　次	不良项目	不良数	不良率		备　注	
		1						
		2						
		3						
		4						
		5						
		6						
		7						
本公司应急措施 　　　　　　　　　　　　　　　　　　　　　　　执行责任者：								
供料厂商防止再发对策 　　　　　　　　　　　　　　　　　　　　　预定完成时间 　　　　　　　　　　　　　　　　　　　　　改善品标式：								
		本　公　司				供料厂商		
提 出		主 管		厂 长		品 管		负 责 人

图表 3-11 进料检验日报表

		主管	制表
日期 _____			

1. 国外来料

项次	品名	规格(料号)	数量	供料厂商	检验方式		不合格批	不良数	主要不良	处　　置		
					全检	抽检	检验批	检验数		允收	拒收	选别

2. 国内来料

3. 本日特记事项

企业永续经营的要诀 — 品质。

五、制程管制(IPQC)与线上检验(FQC)

1. 制程管制(Inprocess Quality Control)

制程管制是品质管制的核心,一般的制程管制是指进料管制(入物料仓库)以后到成品管制以前,这中间的生产品质管制活动,所以又称中间检验。

(1) 制程检验的目的

① 于大量生产型的工厂中,及时发现不良,采取措施,可以防止大量的不良品发生;

② 针对品质非机遇性的变因,于作业过程中,加以查核防止不良品的产生,如查核作业流程是否更动,新手对作业标准(方法)是否了解,机器、模具、夹具是否正常,作业条件有无变动;

③ 通过检验的实施,不让本制程的不良品流入次工程

(2) 制程检验的做法

① 制程检验最有效,成本最低的应是由品管课人员实施巡回检验;

② 使用查核图表(3-12)作记录;

③ 查核项目除了在制半成品外,应该包括可能造成品质变因的作业因素;

④ 查核项目、查核方法,时间频度应事先设计于查核表上。

图表 3-12 制程巡检查核表

部门 _____
品管员 _____   日期 _____

工程名	查验重点	查验结果											不良内容	处置
		1	2	3	4	5	6	7	8	9	10		

查验结果记号:　　○好　　△尚好　　×不良矫正

(3) 检验的重点

该制程的检验员为了有效控制制程,使不良率不会因异常制程原因异常的制程原因而升高,对于不稳定的因素应事先了解掌握,并做重点控制。不稳定因素包括:

① 该产品以前生产曾有异常、有不良较高的记录。

② 使用机器不稳定(含模具、夹具)。

③ IQC 有材料不甚理想的信息。

④ 新导入量产品

⑤ 新的操作人员。

(4) 品质异常的处理

检验人员对于突发性的品质异常或对于经常性而且具有严重性的制程,应开具"制程异常通知单"(见图表 3-13),通知有关部门迅速处理,情况较重大者应着令停产,并追踪处理状况。

(5) 异常回馈与矫正系统

① 突发性严重缺点,如在制品连续几个发生重缺点。

② 经常性严重缺点。

● 虽比率不高,但同一现象经常性发生。

● 生产要素产生变化,影响品质,生产主管人员未能有效地予以矫正。

图表 3-13 制程异常通知书

编 号 _____
日 期 _____

收文部门		收文签认	
发文部门	发文者	主管确认	
要求反馈时间		实际反馈时间	

异常情况及建议对策（发文填）

原因分析 □设计缺陷 □规格、标准缺陷 □制程及作业上缺陷 □机器缺陷 □模具、夹具缺陷 □检查判定缺陷	具体说明

应急对策
预定完成时间 _____

再发防止措施
预定完成时间 _____

发文部门改善效果追踪
追踪责任者 _____ 日期 _____ 主管 确认 _____ 日期 _____ 厂长 认可 _____ 日期 _____

图表 3-14 异常回馈与矫正系统表

品质状况	处理	操作员	检验员	现场主管	生产课	品管课	厂长
突发性	严重	●	●☐				
		○	←──	☐→	◎←	☐→	○
					◎←		
经常性	严重		○			☐	
		○		←──	◎←	●	☐

2. 线上检验（Final Q.C）

线上检验（FQC）是制程检验中很重要的一个管制点，属于定点检验。一个产品，自材料进入加工开始至完成成品进入成品仓库止，其整个生产工程少则几个，多则几十个或上百个，将其制程有系统地建立即成为制程流程图。整个生产制程来说大致可分为三个阶段

- 粗胚形成处理；
- 半成品修饰及处理；
- 装配组合及包装。

图表 3-15

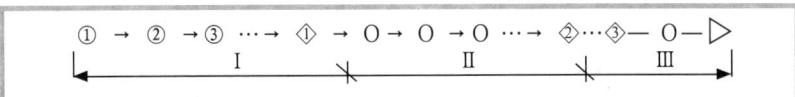

(1) 管制点的设定

在整个生产系统的众多制程中，有否需设检验站或检验站应设在何处，应是线上检验先考虑之处。其设置与否的考虑标准最主要视下述来决定。

① 制程品质稳定状况；

② 可能影响后续制程的重要性。

(2) 检验标准

每一检验站应设置有检验标准，作为检验员作业的依据。检验标准至少应包括：检验项目、规格、检验方法。

(3) 检验方法

① 制程不稳定时或数量少、价格贵时，通常用全数检验。

② 制程稳定，或属于连续性大量生产型、则使用抽检方式。

③ 有些品管已相当上轨道的工厂，也可采用抽检及巡回检验，并由同一人作业。

(4) 检验量仪

检验人员使用的量具、仪器、塞规等检验设备，经常性作用，会产生变动，造成产品误判，因之此类检验设备、工具应纳入标准管理，定期校验。

(5) 检验记录

① 使用管制图来控制品质。

② 每日检验应有检验记录，回馈品质状况。（图表 3-16）

(6) 回馈与矫正措施

① 突发性的严重异常应即反应处理。

② 经常性的品质问题，交由生产部技术人员会同品管技术人员进行对策处理。

图表 3-16 检验日报表

制程：_____
日期：_____

主管	制表

项次	型号	检验数	良品数	不良数	不良率	原材不良	前工程不良	本工程不良	备注

(7) 检验员的检出力

为了防止检验人员的误判,检验员的养成,应有计划予以培训,并于正式担任检验人员时,就其"检验能力"作考验,如达到标准,方允许其担任此工作。

(8) 检验员检出力的稽核

为查验检验人员检出能力或防止其徇私,或因情绪而对产品不正确的判定,制程式巡检人员或现场主管应定时地加以稽核,对于不适任的检查员应作处理。

(9) 检查员组织编制

① 编制在生产部门:品质较稳定时。

② 编制在品管部门:品质较不稳定时。

从仓库把材料领出,开始加工生产,直至完成品,此段过程是工厂生产的核心,且随着时间的流走,产品也不断地产出,尤其是大量生产型的工厂,产品生产的速度快,因之产品品质控制的工作就得争取时效,在有不良品出现时,能实时采取矫正措施。所以通常担任制程管制的品管人员,在人选上也就要慎重。

※※※※※※※※※※※※※※※※※※※※※※
※　　　　　　　　　　　　　　　　　　　　　　※
※　　　坚持品质才能维持企业生命,　　　　※
※　　　做法上就是处处为顾客设想。　　　　※
※　　　　　　　　　　　　　　　　　　　　　　※
※※※※※※※※※※※※※※※※※※※※※※

六、出货检验（OQC）与品质稽核（QA）

1. 出货检验 (Outgoing Q.C)

出货检验也就是成品管制

有时虽有良好的进料管制及制程管制，也不见得能确保产品完全符合规格，尤其产品于生产完后置放于仓库中，会因湿气、温度造成的经时变化。

出货检验的构成如下：

(1) 检验时机：通常于出厂前1－3天实施。

(2) 检验项目。

① 外观检验。

② 尺寸检验。

③ 指定的特性检验。

④ 寿命试验。

⑤ 耐衡击试验。

⑥ 产品包装与标示检验。

(3) 使用抽样方法。

(4) 检验记录（图表3－17）。

(5) 不合格品的处置。

※※※※※※※※※※※※※※※※※
※　　　有进步就是改善，就是满分。　　　※
※※※※※※※※※※※※※※※※※

图表 3-17 出货检验表

日期 _____

项次	型号	库存数	抽检数	检验结果（样本）										判定		备注
				1	2	3	4	5	6	7	8	9	10	合格	不合格	
1																
2																
3																
4																
5																
6																
7																
8																
9																
10																
11																
12																
13																
14																
15																
16																
17																
18																

主管／检验者

2．品质稽核（Quality Audit，QA）

品质稽核制度的实施，是品质保证系统很重要的一环，工厂内，包括品质功能设计了许多制度在运作，这些制度是否确实在运作，或执行人员是否确实在执行，应该加以查核。

(1) 有些企业把品质稽核规划为以下主要机能：

① 出厂前的产品查验（前已说明）；

② 公司（或品管）动作系统、规范的查核；

③ 对客户（消费者）产品品质的统计和调查。

(2) 查核项目（图表3-18）：

图表3-18 品质稽核查核表

编号：
日期：

总经理	厂长	主管	查核

项次	查核项日	标准依据	查核时间	查核结果			缺点说明
				优	可	差	
1							
2							
3							
4							
5							
6							
7							
8							
9							
10							
11							
12							
13							
14							
15							
16							
17							
18							

※ 考核为差者应督促责任部门改善。

① 工程设计标准资料；

② 作业规范、管理资料的管理使用；

③ 原物料的管理；

④ 机器操作及保养；

⑤ 采购与供应商的关系；

⑥ 不合格物料的处置；

⑦ 流动品标示与放置；

⑧ 环境与卫生管制；

⑨ 生产计划；

⑩ 作业方法；

(11) 量规与仪器校验；

(12) 进料管制；

(13) 制程管制；

(14) 成品管制；

(15) 检验人员；

(16) 包装与装运。

维持产品的稳定，须建立在标准化、规范化的前提下。这些规范是否确实在被执行，或复杂的品质变因是否有效地被控制，均需要通过查核的工作才能得到信息，或者可以说品质稽核不但可查核产品，更重要的是可以查核企业的动作体系是否正常运作，方能对产品有所保障。

3．客户抱怨（退货）处理

提供良好品质的产品给顾客是巩固客户最好的方法，对客户的抱怨（退货）迅速采取措施也是售后服务最好的表现。

公司欲求产品在市场上获取有力的竞争地位，除了产品品质管制在合乎一定的标准外，对于客户或市场的反应，亦应搜集资料，以供有关部门研究参考之用。概因品质管制最高目标乃在于使顾客能获得满意的产品与服务。如果顾客对产品品质不满意时，我们应从设计至销售的过程中，查出问题的所在，并设法解决。（图表3-19）

顾客满意度的调查，可以提供公司今后努力的方向与目标。

业务部门受理顾客抱怨后，应即开具顾客抱怨通知单（图表3-20），并通知品管部门进行处理。品管部门应即会同生产部，技术部进行分析，并拟具对策措施。拟具的措施经权责主管认可后交由业务部门并回馈给顾客。

图表3-19 顾客抱怨处理系统

责任部门 处理项目	顾客	业务部	品管部	生产部	技术部	厂长
顾客抱怨						
抱怨受理						
开具厂内抱怨单						
抱怨处理						
确　认						
抱怨处理回馈						

图表 3-20 顾客抱怨（退货）通知单

编号_____
日期_____

主管	业务主办

顾客	□抱怨 □退货	型号	数量	订单 NO.
出货日期		批号		出货单 NO.

抱怨（退货）原因及不良率

公司应急措施

　　　　　　　　　　　　　　　　　　责任者 _____
　　　　　　　　　　　　　　　　　　预定日期 _____

再发防止对策

　　　　　　　　　　　　　　　　　　责任者 _____
　　　　　　　　　　　　　　　　　　预定日期 _____

公签	品管	技术	生产	业务	厂长核示

※※※※※※※※※※※※※※※※※※
※　　品质 — 企业竞争致胜的关键　　※
※※※※※※※※※※※※※※※※※※

第三篇 工厂检验制度设计与应用

品质 —— 拉住顾客最有效的武器。

七、品质工程(QE)与不良改善

1. 品质工程(Quality Engineering,QE)

普遍地,中小企业常有此现象:品管部门的设置,实际在于执行检验的工作,从原材料到成品就是做进料检验、制程检验、成品检验,检验的实施就是把不良材料或不良产品剔除。此种做法,对产品管制,无甚意义,往往也是企业推行品管失败的主因。

30年代发展出来的统计品管(SQC),对近代的品质管制技术产生了巨大的影响。管理学者一致认为当今日本的产品之所以影响世界市场,主要在于SQC的应用手法被广泛地使用在企业内的每一个阶层。

如何将"检验的品质管制"推向"管制品质的品质管制"?前者是将"不良剔除",后者是"不让不良发生"。因之品质管制要做好,并非设置大量的检验人员,重要的是在品管组织内设置品质工程小组,设置品管工程技术人员。

(1) 品质工程职掌

① 制定品质计划;

② 制定检验规范;

③ 设计检验量具;

④ 制程解析,改善实验;

⑤ 处理品质事故。

(2) 品质改善信息来源

① 品管报表或品质状况推移图；

② 管制图；

③ 品质成本分析表。

(3) 品质改善手法

品质是无止境的，品质要好没有速成班，而是要点点滴滴、循序渐进、在原有基础上去做，常用的改善手法如 QC 手法、IE 手法，并结合目标管理技术及激励措施，就能得到更好的效果。

2．现场改善

要改善品质，就要先能发现问题，再寻求问题的解决，在发现问题与问题的解决甚至预防问题的过程中，总会存在一些人的障碍。

(1) 问题改善的障碍

① 不知问题的所在，不感觉问题存在；

② 推托问题改善的责任；

③ 不能区别问题的原因与结果；

④ 受习惯性做法影响与支配；

⑤ 仅用眼睛看，缺乏新方法；

⑥ 过于依赖权威，抗拒变革；

⑦ 失去信心，怕被惩罚；

⑧ 缺少干劲，对于问题反应微弱。

"有改善活动，才有机会消除不良。""改善活动，要付之具体行动，并应用品管手法。"

(2) 改善的程序

① 把握问题点;

② 探讨影响问题的原因;

③ 调查影响较大的要因;

④ 提出改善对策;

⑤ 对策实施;

⑥ 效果确认;

⑦ 效果维持。

发现问题的众多原因中,最常见的就是"习以为常",习以为常又往往来自于缺乏做事"讲究的心",及对问题研判能力不足。再者对于问题不能光是感到困扰,抓到问题就必须有解决问题的"决心",并使用科学的方法从根部解决。如此不止能使工作感到愉快,更能在解决问题的过程中,加速累积工作能力。

现场的最大特色就是"人"多,而主管的大部分工作及目标要靠下属来完成。如何让下属来完成,如何下属更具能力来完成工作,就得靠平常教育训练的工作。

教育训练的实施再加上主管人员能够懂得运用激励做法,这个部门将可成为一个具有战力与活力的部门,现场问题无所不在,但先要消除人对问题改善的障碍,再给予方法(工具),解决问题就简单多了。

3. 改善活动选题

如何降低本部门电晶体脚短路(Short)不良率?

(1) 选定理由

① 占不良率第一位；

② 本部门应有能力改善。

图表 3-21

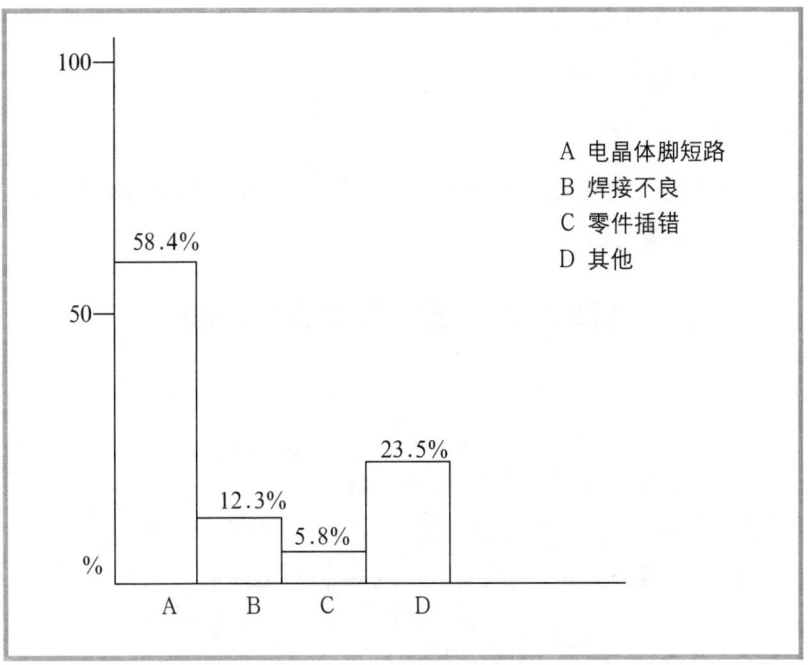

(2) 活动目标

改良前不良占有率 58.4%

目标，改善后降为 25.0%

降幅 58.4% - 25.0% = 33.4%

计划时间：×月×日~×月×日（3个月）

4．制作要因分析图

可应用脑力激荡术及4M法。

脑力激荡术4大原则：

(1) 禁止批评；

(2) 欢迎自由联想；

(3) 构想愈多愈好；

(4) 欢迎"搭便车"。

参加的人员应包括现场管理人员及技术人员，最后应圈出主要原因。要因图例示如下：

图表3-22 电晶体脚短路特性要因图

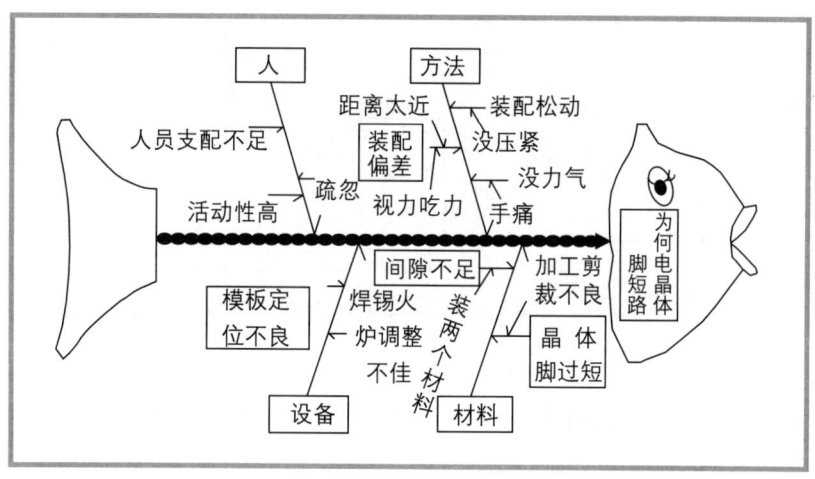

5. 设计查核表（图表3-23）

根据特性要因图所圈出来的主因（约4~6项）设计查核表。

(1) 查核表设计要点

① 能正确、简明在记录；

② 考虑层别；

③ 尽可能以符号、数据记入，避免使用文字；

④ 查核项目不宜多，以4-6项为宜。

依据查核表内容各项进行数据收集，并作成柏拉图。

(2) 数据收集应注意

① 明确收集人员；

② 明确样本收集方法及数量；

③ 明确检验方式及判定方法；

④ 明确收集时间。

图表3-23 电晶体脚短路特性要因图

要因 \ 日期	10/3	4	5	6	7	8	11	12	13	14	15	…	合计	占不良比率%
间隙不足	10	8	11	10	12	13	13	9	6	7			108	33.4
装配偏差	5	11	5	4	6	5	7	11	7	5	8		74	23.0
晶体脚过短	0	0	2	0	1	1	0	1	2	1	0		8	2.6
模板定位不良	13	10	11	10	9	12	11	11	14	13	11		125	38.7
其他	1	0	0	2	0	0	1	0	2	0	0		7	2.3
不良合计	29	29	29	26	28	31	28	37	32	27	26		322	
样本数	50	50	50	50	50	50	50	50	50	50	50		550	
不良率%	58	58	58	52	56	62	56	74	64	54	52		58.4	

收集人：×××　　收集方式：抽检　　收集时间：10/3-15　PM 14:00，每日一次

图表 3-24 电晶体脚短路特性要因图

不良项目	不良次数	不良率%	累积不良率%	影响度%	累积影响度%
模板定位不良	125	22.7	22.7	38.7	38.7
间隙不定	108	19.6	42.3	33.4	72.1
装配偏差	74	13.5	55.8	23.0	95.1
电晶体脚过短	8	1.5	57.3	2.6	97.7
其他	7	1.3	58.6	2.3	100
合计	322	58.6	58.6	100	100

图表 3-25 电晶体脚短路特性要因图

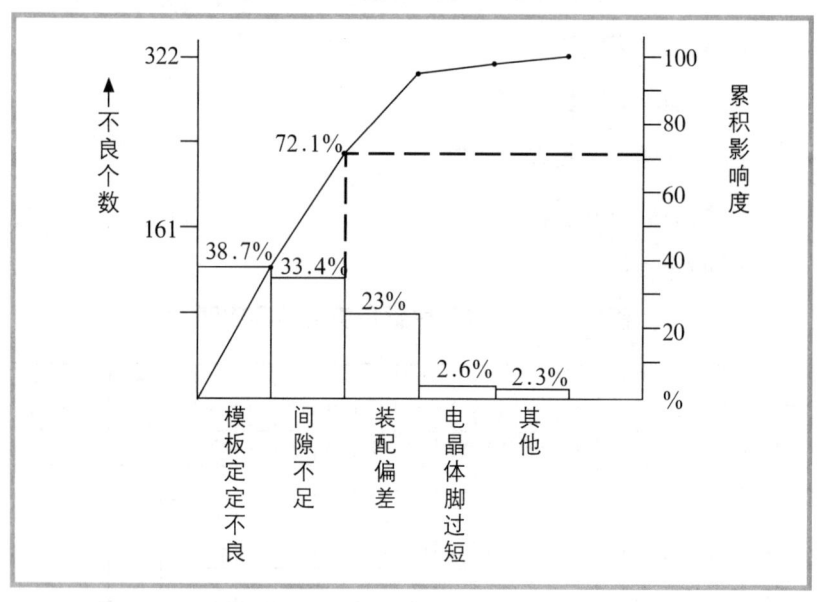

从柏拉图内可看出,影响电晶体短路不良较大的原因在于模板定位不良及间隙不足,此两项就占了总不良率的72.1%,也就是重要的少数,对策措施即由此着手。

6．改善对策

知道形成的要因以后，要针对这些要因，提出对策方法。应会同现场管理及有关的专业技术人员共同研究对策方法。这样较易成功。

(1) 改善对策思考原则

① 应用 5W2H 法思考；

② 可用脑力激荡法，充分创意，突破现状；

③ 检查 4M 及作业环境；

④ 应用愚巧法(Fool Proof)，最好能彻底解决，预防再发生；

⑤ 使用简单的实验设计。

(2) 对策的实施须考虑

① 本公司或本部门能力；

② 需要哪些部门协助，可能性如何。

重大的改善计划，应提出改善计划表，申请批准。

对策的实施应指定明确主办人、协助人及督导人员。在对策实施过程中可用推移图和查核表来确认变动情况。

图表 3－26 降低电晶体脚短路改善对策计划表

不良项目	原因分析	对策方法	具体做法	预定时间
间隙不足与电晶体短路	1.料太挤 2.材料接头跨过电晶体脚	1.设法减少零件 2.改变插脚位置	1.把 2 个 1PF 并联，改成 1 个 2PF 相当容量 2.利用 P.C 板备孔改变置	11/14~17 11/18~25
装配偏差与模板定位	模板位置偏装配偏差与模板偏同一原因	模板调整位置	参考模板图	

7．效果确认

从推移图、管制图可查核表中，我们可看出：改善前、改善中、改善后的品质变化情况。

图表3–27 电晶体短路总推移图

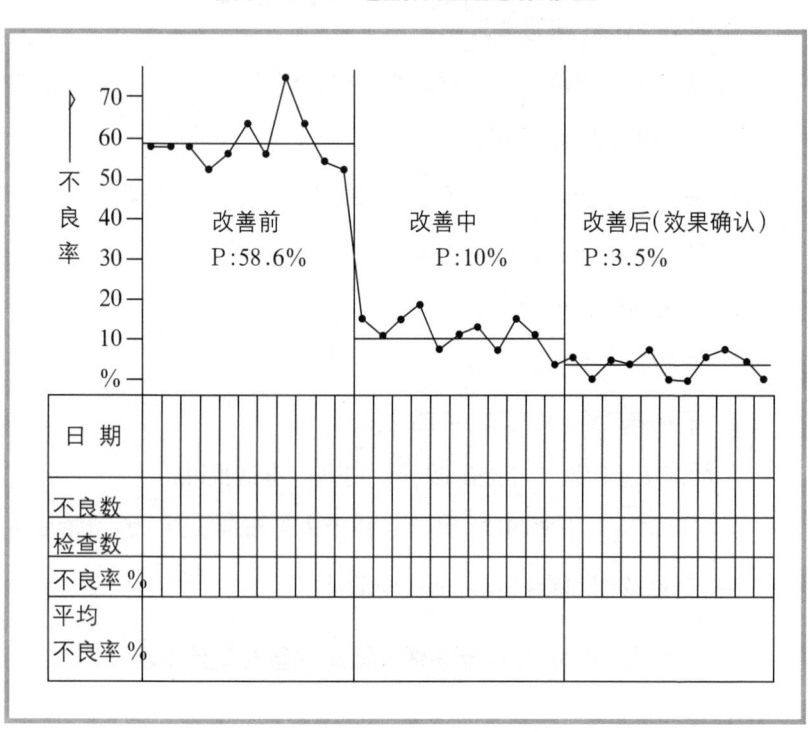

8. 效果维持

提出的改善对策有效,并达到预期的目标,就应该把达到此目标之做法,做成工作标准,即以标准化,或将原有的旧标准修改。如果不做标准化,可能没多久又会恢复原来的状况。

标准化的主要目的:

(1) 技术储存;

(2) 提高效率;

(3) 防止再发;

(4) 教育训练。

改善后的作业最好能采用推移图或管制图继续追踪控制。

图表 3-28

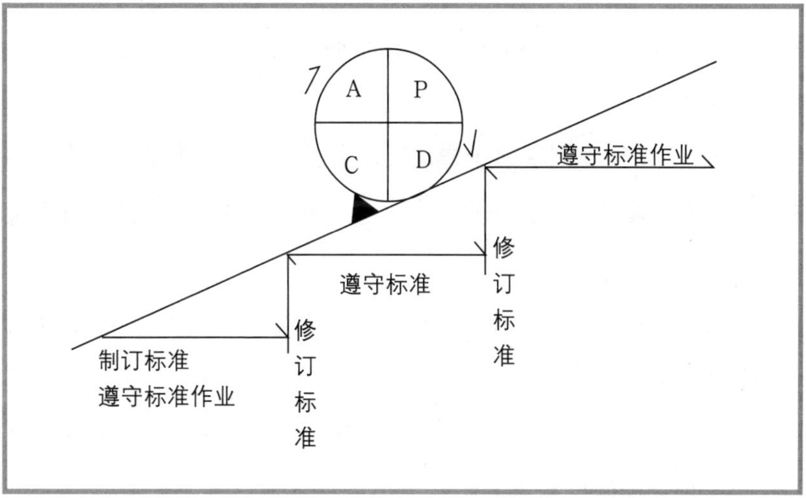

八、操作者自主管理

不良品是由于生产过程中存在着产生不良的因素所产生的结果，而这些生产过程是由人在计划、执行、控制的，这里的人是指公司内的每一个成员。

"不把问题留给后面的人"，这是每一个部门及每一个人应有的认识及责任。

不把问题留给后面的人，指的就是企业里所有的成员均要有此想法及做法，也就是要确确实实地把工作"做好了"，而不只是做了，因为做了并不代表做好了。

由"做了"提升为"做好了"，这就要有自主管理的做法。

比如一个打字员打完文件后，她自己应检查是否打得好，有无不明，有否遗漏或错字，检查完了自己能感到满意，对此文件也就是实施了自主管理了。

再如，生产过程中，每个操作员能自己检查操作方法是否依照标准，再查看产品是否自己满意，有了这些做法，也是自主检验自主管理了。

试想，连最基层的操作员均能养成自主管理的做法与习惯，这当然是品质最好的保障了。

推行操作者，"自主管理"能把日常管理的工作分摊到最基层的操作员，使其能做好品质工作。

操作员的主要工作是生产，在导入"自主管理"的工作时，应以不影响生产为原则。管理的项目主要有形成品质变因的各项因素及自身生产的产品，并使用查检表实施。（见图表3-29）。

图表3-29 自主管理查检表

部门												
日期									姓 名			
	项次	项　　目	检 查 结 果(次数)									
			1	2	3	4	5	6	7	8	9	10	11
品质变因	1	工作环境											
	2	材　料											
	3	机器状况											
	4	模具、夹具											
	5	作业方法											
产品品质	1	孔　径（用塞规）											
	2	缺　孔（样板）											
	3	刮　痕											

注：产品自主检验以目视几量规为原则。○良　△尚可　×不良改进

※※※※※※※※※※※※※※※※※※※
※　　自主管理，自主检验，自有成就。　　※
※※※※※※※※※※※※※※※※※※※

企业不追求品质，将无以生存。

第四篇

全员参与全员改善

一、品管圈（QCC）
二、提案改善制度
三、整理整顿与 5S 活动

奇怪！他们的产品为何遍布全世界？品质战略。

一、品管圈

1. 日本为何NO.1

参观过日本工厂的人都会很惊讶地发现，在工厂里，在办公室里，每一个角落均是干干净净、整整齐齐的，工作环境相当舒爽。在工厂的正面墙上，经常可看到"整理、整顿、清扫、清洁、素养"几个大大的字，这就是近十年来全世界许多企业竞相学习的"5S"，全体员工自上至下推动5S，带来的就是要想把事情做好，就是要养成事事"讲究"的习惯，不放过任何一个小细节。

除了上面所提的"5S"运动带给全世界的企业界相当的影响外，其他如品管圈、提案改善、脑力激荡等都提供了来自最基层员工的巨大贡献，尤其是品管圈影响更巨。

50年代，统计手法逐步在日本企业界受到重视，并对基层员工进行使用方法的教导。60年代开始问题改善技术、目标管理及激励管理的一些做法，日本企业加以巧妙地予以结合成一种挑战游戏，品管圈（QCC）也就因应而生。在日本，品管圈的盛行，已不光是在企业里，几乎任何行业都有它的存在，而且也产生了巨大的意义与效果。

品管圈，是一种自主改善的小组活动，每一个成员要能积极主动，才能达到鼓舞士气、解决问题、挑战目标的目的。

2. 解读QCC

一般人对QCC还不了解时，总是有种莫测高深的感觉，经常听到别人提起，很有效果，尤其对如何进行问题的解决，QCC确实是一种既科学又实用的管理工具。但是等到初步接触后，又感觉很简单，并没有什么高深学问，以致小看了它，致使甚多的企业主管对QCC疏于重视，就是推动QCC活动，也因为高阶主管的不了解，不支持而成了形式化，这也是众多推动QCC活动失败最常见的原因。

品管圈指的是由同一个工作场所的人（6人左右），为了要解决工作问题，突破工作绩效，自动自发的合成一个小团体（圈圈），然后分工合作，应用品管的简易统计手法当工具，进行分析，解决工作场所的障碍问题以达到业绩改善的目标。

通常的品管圈讨论会，大致一个月聚会两次，一次约1～2小时，可利用上班时间或下班以后。一般来说时间以不超过6个月为宜。达到的结果及改善的过程均以品管手法的图表来表示。成果卓越的品管圈经遴选后可在公司的品管圈发表会上参加竞赛。

借助品管圈的活动，除了改善工作品质，解决部门存在的问题外，更重要的借助品管圈的活动，对员工进行品管手法的教导，使改善工作变成一种工作游戏，在改善过程及成果显现出来后，让其惊讶及享受此种成就，如此一来更可达到鼓舞士气的目的。

因之，推行品管圈，应该可以得到下面的效果：

(1) 鼓舞士气，造成开朗面带有热劲的工作气氛。

(2) 通过品管手法的应用及经常性的研讨，可以激发员工的潜能，预防问题的发生及提高问题解决的能力。

(3) 强化团队意识，提升目标意识，从而可以提高团队的工作绩效。

品管圈可以说是目标管理技术、人性管理技术、重点管理技术及问题分析技术的综合体，它不但可以协助解决部门内的障碍问题，更可以达到激励士气的效果。

3．如何推动品管圈

推动QCC，事前相关人员应先做好如下教育训练：

⑴ 统计品管的七大手法。

⑵ 对QCC的认识。

⑶ 推动活动的方法。

⑷ 参加人员注意事项。

⑸ 圈长应具备的条件。

开始组成圈时可依下面步骤进行：

步骤1：**组成品管圈，选圈长。**

同一部门内，以5～7人为最合适。

推选圈长，圈长是未来本圈的灵魂人物，最好是具有一定的领导力及专业能力，所以说以担任管理职最适当，虽然QCC是自主自愿参加，圈长在QCC运行的过程中，应对圈员有导引及必要的约束能力。

一个公司在初次推行品管圈时，最好先行将公司内有可能或有条件成为QCC圈长的人员进行品管圈方法的培训，培训内容如上述5项。等到将这些关键整个QCC成败的圈长养成熟练之后，公司再指定少数部门先成立QCC做示范，在这些少数的带头圈运行过程中，公司应予以关心、支援，使其顺利运行，造成气氛。再逐步以这几个成功的示范圈当种子,有了经验以后可以指导其他圈的成立。如此一来,在企业内,逐步逐步地就会遍地开花。切忌操之过急,准备不周,到最后流于形式。

步骤2:命圈名。

第一次圈会时,应予命圈名。给予圈名,好像给予一个人以名字,或说给予一个企业以名字一样,给它生命,珍惜它。命圈名,没有一定的规定,可以严肃的如挑战圈,也可以活泼的如乖乖圈,只要是圈员凝成一个共识。第一次圈会时,圈员之间先要营造一个共识的气氛,在善意的气氛中,可以使用脑力激荡法来选择适合本圈个性的圈名,决定好圈名后,可向外宣布并向公司登记。

步骤3:掌握部门内的问题点。

第二次圈会时,圈员应各自把个人搜集的部门内的问题提出来讨论,一般来说,工作现场的问题大致是:

① 效率的问题

② 品质的问题

③ 浪费的问题

④ 成本的问题

⑤ 服务的问题

在讨论问题时,圈长应提醒圈员一定要就工作本质的目的来考虑问题,避免讨论议题误入歧途。

步骤4:决定主题。

经过步骤3,圈员们应定出解决问题的先后顺序,达成共识,并决定第一次挑战的主题。此时圈长应提醒圈员们考虑本圈是否有能力解决所提出的主题，有些QCC圈员们喜欢好高骛远，一开始就挑出超过解决能力的主题下手，最后遭到失败与挫折，从此失掉信心与斗志。真是第一仗就打败仗。因之主题的决定应很慎重。前文已提到推行QCC，除了要借助品管手法解决问题外，更重要的要有达到鼓舞士气的效果。

万一失败，圈长也要负起维系军心的责任。管理上有句名言："失败不能光是后悔而已，因为你已经交了学费"，更何况"经验的取得来自于每一场硬仗"。

步骤5：制定目标。

在大家同意进行改善的主题后，便要制定改善目标。制定目标前要先了解现状是如何，改善的空间大致有多大。制定的目标应是经过大家努力的话可以达到的，同时，应把5W2H做法带进来。

What：做什么，即主题项目及目标值（数据）。

Who：谁来做，即圈员应分工，各有所司。

Where：何处进行，即进行的场所及配合部门。

When：何时，即订出阶段做法及预定进度。

How To Do：如何做，即进行方法加以规划设计。

How Much：成本如何，即大约需花费多少成本。

制定目标要掌握目标管理的SMART原则。

Specific：目标要清晰明确，就是主题要明确。

Measurable：目标要可衡量的，就是要以数据作目标。

Attainable:目标经努力是可达成的,就是不要订做不到的目标。

Relevant:制定的目标是团体与个人均需要的。

Time Table:目标的达成、衡量是有时程的。

制定的目标应经全体圈员的同意方成立。

步骤6:制定达成目标的工作计划。

制定目标后,全体圈员应探讨达成目标的具体做法,并将每一个做法由圈员分工担任。同时也应对每一个做法制定时程。

各圈员应对所分配的任务设定工作计划。计划的进行状况,可使用查检表定期查检。

步骤7:掌握改善主题的重点。

对于改善主题,使用层别法将需要的资料加以集计,并使用柏拉图法将造成的状况和原因加以分析,找出重要的关键项目。改善的工作应从重要的项目下手。

步骤8:探讨原因。

某一项结果的形成,必有其原因的存在,应设法把原因找出来。如同医生在开药方时,一定得先找出确实病因的所在,因为对症下药会有好的效果。

此时可使用鱼骨图法,全体圈员用脑力激荡术,在圈会时做动脑会议,将可能的原因一一找出,最后再决定几个主要原因。

为了不让原因脱离改善主题太远,对于一些较具专业性的改善主题,不妨在圈会时,也邀请一位较具此方面专业技能的人员参加,提供支援,可以对原因的掌握及今后的对策措施提供较具可行性的做法。

步骤 9：提出对策。

前一步骤利用鱼骨图已将改善主题的主要原因找出来了，接着便是将列为消除原因的项目提出，并研讨出一份改善计划表。内容应包括：

① 改善项目（原因）。

② 发生的原因。

③ 对策措施。

④ 对策措施责任者。

⑤ 预定完成时间。

不同的改善项目，可视情况由圈员分摊担任，也可以由两人一组共同进行同一项目的对策工作。

须注意的是，提出的对策措施尽量不要花钱，而且要有具体的做法。对于做法应慎重考虑好，才不会在改善过程中随意更动从而影响整个工作计划。在工厂内，对于对策的做法，可以使用散布图、查检表或简易实验法，先进行做法与效果的调查，理出一个轮廓后，再提出一个更具体的对策。

步骤 10：对策实施。

提出对策实施方案后，应拟具具体的实施方法。实施前应召集相关人员进行说明及教育训练。

取得相关人员的了解及正确教导的做法，是实施过程成败相当的关键。

实施过程中，负责专项责任的圈员，应负起教导的责任，并控制过程中正确的做法。

步骤11：效果确认。

在实施过程中，督导人员可使用"实施评鉴表"（图表4-1）进行评核。

效果确认可以使用管制图、直方图或推移图为佳。尤以推移图既实用又简便。

从图上（或表上）可以看出对策的结果如何，是达到预定的目标，还是不甚的理想。

图表4-1 品管圈实施评鉴表

	评鉴项目	评鉴基准	得 分					备注
活动状况	QCC定检讨状况	①注意有无走上形式化的活动 ②是否准时检讨及发言状况 ③脑力激荡法运用是否适度	10	8	6	4	2	
	圈员合作及分工情形	合用是否真诚，分工是否尽责	10	8	6	4	2	
	发表会	资料是否充分，有无运用图表	5	4	3	2	1	
	报告、记录、早请表	①有无明确记述 ②撰写方式是否吸引人阅读	5	4	3	2	1	
有形效果	合乎组织的目标与计划	①计划有无具体明确 ②交货是否准时	5	4	3	2	1	
	目标达成率	达成率高低	10	8	6	4	2	
	品质不良降低	降低该项不良率的多寡	10	8	6	4	2	
	节省金额	效果换算金额计算之	15	12	9	6	3	
	提案改善采用件数	该圈内改善提案采用件数	10	8	6	4	2	
无形效果	工作士气是否高昂	分工合作、主动积极性	10	8	6	4	2	
	工作挑战心	是否自发吸收对于目标完成之新知识	5	4	3	2	1	
	品质意识及成本观念	是否提升品质意识及爱惜公司财产	5	4	3	2	1	
圈名编号	评定日期	评语：	总　　分 评鉴人：					

如是不甚理想,应重新探讨,也许是原因找错,也许是对策措施不对,此时应考虑是否重新回到步骤 8 的探讨原因,还是回到步骤 9 的提出对策,重新来一遍。如此的 PDCA 管理循环,有耐心地去做,终究可以达到预期的效果。

步骤 12:效果维持。

有些品管圈做工作改善,当实施的对策奏效后,没有将做法作为新的标准修订,以致过不了多久,也许是人的更换,新的做法未能完整地持续下去,而使得原先所得到的成果又付之东流,实为可惜。

因之在改善对策取得成果后,应将作业标准予以修订,或建立起作业标准书。如此才能维持原先的效果,此做法即维持管理。

步骤 13:总结与发表。

经圈员所努力达成成果后,应将努力和过程,使用的手法及达成的结果,使用图示方法予以发表,一方面得到部门主管及公司的肯定,另一方面圈员们可以分享此一成果。

以下提供几点品管圈发表的方法:

① 说明活动主题选定的理由。

② 改善目标及成果。圈活动的过程可以留到后面介绍,先谈得到多少成果,以及把实际成果与预防成果作比较。

③ 将得到的成果,或成果不理想的理由加以说明。

④ 说明圈活动的经过,说明时叙述主要步骤,不要太繁琐。

⑤ 发表时,要尽量使用视听教材及道具,以强化注意力。

⑥ 发表时,能带些趣味性更好。

推动全员品质活动,提升全员工作士气。

4．品管圈的意义与启示

企业的主体在于人，企业竞争的成败亦取决于人。

日本汉学大师安冈正笃先生有一句名言：

心变则态度变，态度变则习惯跟着变，习惯变则人格随之变，人格一变则人生也就变。

我国的孙子兵法亦曾说过："有道之主，将用其民，先和而后造成大事。"这也是我们现代人经常所说的激励团队的士气与团队的合作。

现代企业竞争激烈，每一个阶层的员工，每天的工作即紧张又枯燥，企业主管们对激励士气、鼓舞士气莫不绞尽心思，但效果往往有限。尤其占70%以上的基层员工，除了每天周而复始地从事单调乏味的工作外，未能发挥其更大的潜能，给企业做更多的贡献，对其个人及企业来说总是莫大的损失。

在日本，目标管理巧妙地结合人性管理的激励措施，并使用简易的统计手法，激发最基层的员工对本身工作上的要求及挑战，不仅能协助企业达成运营目标，更能带来参与人员工作上的丰富化，达到整体鼓舞士气的效果。这就是品管圈QCC。

日本的科技联盟（JUSE）手册中曾有一段话：

"人们大部分的时间是在工作场所中度过，我们期望能在一个尊重人性、工作有意义的环境中工作，这就是品管圈希望达成的理想。"

想一想，应该会有更好的办法？

二、提案改善制度

任何一个企业,不论是制造业或服务业,任何一项工作,不论是现场操作、文书或管理工作、都存在着许多没有必要的"浪费"。也许是"时间"的浪费,也许是"场所"的浪费,也许是"士气"的浪费,当然所有的浪费都是"金钱"与"企业生命"的浪费。

企业内各阶层管理人员,也许每天穷于应付日常性的工作,而忽略了"改善工作",造成的现象是没有头绪、没有效率。

其实,任何一件事情,能够有一颗做得更好的心,能经常冷静地思考——想一想,也许有更好的办法,如果一点一滴地去做所投入的努力,都应该会有"报酬"与"收获"的。然而改善性的思考是否应该扩展到广大的基层员工,让他们一起来"参与"改善工作,这即为"改善提案制度"精神的所在。

1. 如何推行提案改善制度

(1) 全员建立改善意识——"想一想,也许有更好的方法"。

(2) 建立推行组织。

(3) 制定"提案改善实施办法"。

(4) 评审。

(5) 实施追踪。

(6) 成果统计发表。

(7) 奖励。

范例：××工厂提案改善实施办法

第一条：为期全体从业人员踊跃提供有利于运营改进的意见，借以提高经营的效率，特制定本实施办法。

第二条：改善提案（以下简称提案）其内容应具有下列项目之一者：

1. 管理方法的改进事项。
2. 制造技术、操作方法作业程序及机器的改进事项。
3. 品质的改进事项。
4. 设备的新设计，或修改事项。
5. 新产品的开发及制品与包装的外观改进事项。
6. 原物料的节省、废料的利用及其他成本降低的事项。
7. 工厂安全整理整顿及机器工具保养事项。
8. 其他有利于本公司的兴革事项。

第三条：提案内容如有下列事情者概不受理：

1. 无具体的内容或单纯的希望者。
2. 公知的事实及正在改善者。
3. 已被采用过及前有的提案。
4. 经试行一个月从而提出者（但其效果显著确有重大的贡献者，得予追认）。
5. 业务上被指令者或已由上级指示他人进行而提出者。
6. 非建设性的批评。

7．对于个人及私生活的攻击。

第四条：提案手续如下：

1．应该使用规定的提案表（由本厂印发）。

2．提案表应记载下列事项：

(1) 案由。

(2) 具体内容（最好能将改善前后的数值比较表、图面、素描及详细说明书、动素分析、资料记载在内）。

(3) 预期的效果及提案人认为有必要的事项。

(4) 所属单位、姓名、提案日期。

3．提案先送提案箱，再由改善组登记，编码分发被提案单位初审，认可后，送回改善组试作复审，而复审由提案审查委员会评定。

第五条：为处理提案的顺利，得成立提案审查委员会（以下简称委员会）。其组织如下：

提案审查委员会 ─┬─ 审查委员（厂长）
　　　　　　　　├─ 提案处理组（改善组）
　　　　　　　　└─ 推行委员（各课课长）

第六条：审查委员除厂长为当然委员外，余由厂长指派专人聘任，其名额视其需要决定，互推一人为主任委员会，每次审查提案时由改善组员责说明（如有必要得请原提案人及其主管列席说明）。

第七条：推行委员以各课课长担任（每课以一人为限）。

第八条：委员会权责如下：

1．审查委员

(1) 参加提案审查委员会的人员对自提的案件应回避审查。

(2) 提案的复审、评分及等级的审议事项。

(3) 办法修订的研议事项。

(4) 提案施行后成果的检讨事项。

2．推行委员

(1) 经采用提案的策划施行及成果的调查报告事项。

(2) 启发倡导部属的提案事项。

(3) 审核提案，评分及奖励的事项。

第九条：委员会得循提案处理下列事项。

1．提案人的受理、登记、编号、送审事项。

2．提案进行。

(1) 有关行政上及建议上的提案由改善组协办。

(2) 有关技术性、一般性、开发性的提案由现场推行委员及品管圈的圈长主办。

3．审查后的提案及施行效果调查、追踪、报告资料的整理保管事项。

4．有关委员会交办或其他改善事务等的事项。

第十条：提案处理审查程序如下：

1．处理

(1) 处理组决定提出的案件是否受理。

(2) 受理的提案应予分别整理编号。其不受理者,应通知原提案人。

(3) 促进提案实施。

2．审查

(1) 召开审查委员会复审提案。

(2) 将审查结果做成记录并拟具奖励方案,呈上级核定。

(3) 发榜公告,并以奖金发给提案得奖人。

第十一条:提案由处理组及推行委员裁定为采用、不采用、保留三种。采用的提案经实施后,发给约节省金额的 1/10 为采用奖金。

第十二条:提案依其性质分为开发提案、一般性提案、技术性提案与问题点提案。

1．开发性提案

(1) 产品的新开发。

(2) 产品的新设计(本职的新设计不列入提案)。

2．一般性提案

(1) 配置流程的改善。

(2) 机械小零件的增设及一般工作法的改善。

(2) 一般性的物料器材等价值分析。

(4) 事务改善。

3．技术性提案

(1) 凡经特别研究设计而产生的改善提案。

(2) 需经多次试验才可成功的改善提案。

(3) 范例：

① 押出模内部构造的改良。

② 缝纫机导模的新创及改善。

③ 塑胶粒、胶合剂等配方的改善。

④ 特殊机构的构想。

⑤ 新机器的设计。

(4) 问题点提案

第十三条：提案奖励办法：

1．凡提案者经提案而不采用者累积不采用件数3件，发给提案金___元。

2．凡提案者经提案而保留者累积保留件数2件，发给提案奖金___元。

3．提案经正式受理者以下列标准给奖。

(1) 开发提案

① 产品的新设计奖金___元。

② 凡具有独创性，新产品含八成以上的新构想而本厂适合制造的给予奖金___元。

(2) 一般性提案

一般性提案依工作方法及原物料节省的标准分别计算，一件提案两者同时具备时应分别计算再合计

(3) 技术性提案

技术性提案以月平均改善节省金额的 10% 作为奖金。

(4) 问题点提案

① 凡提出问题者，发给毛巾、肥皂、牙膏等日常用品或等值的日常用品。

② 看了公布的"问题点"，而将问题解决，此解决问题的人可得到节省金额 20 – 30% 的奖金。

第十四条：采用的提案实施后，收到预期以上结果，经委员会判定者，另给予奖金。保留或不采用的提案，如提案人申诉理由发现有价值时，由原提案人提出，再由改善组重审，确实认可再追认。

第十五条：同一内容的提案以先提者为准，如同日提出则视同联名提案处理。联名提案仍以一案为奖。

第十六条：提案内容如涉及国家专利法者，其权益概属本厂，但另由本厂按其经济价值发给一次性特别优良奖金。

第十七条：本办法呈准后施行，修改时亦同。

2．提案改善处理程序

图表4-2 提案改善处理程序图

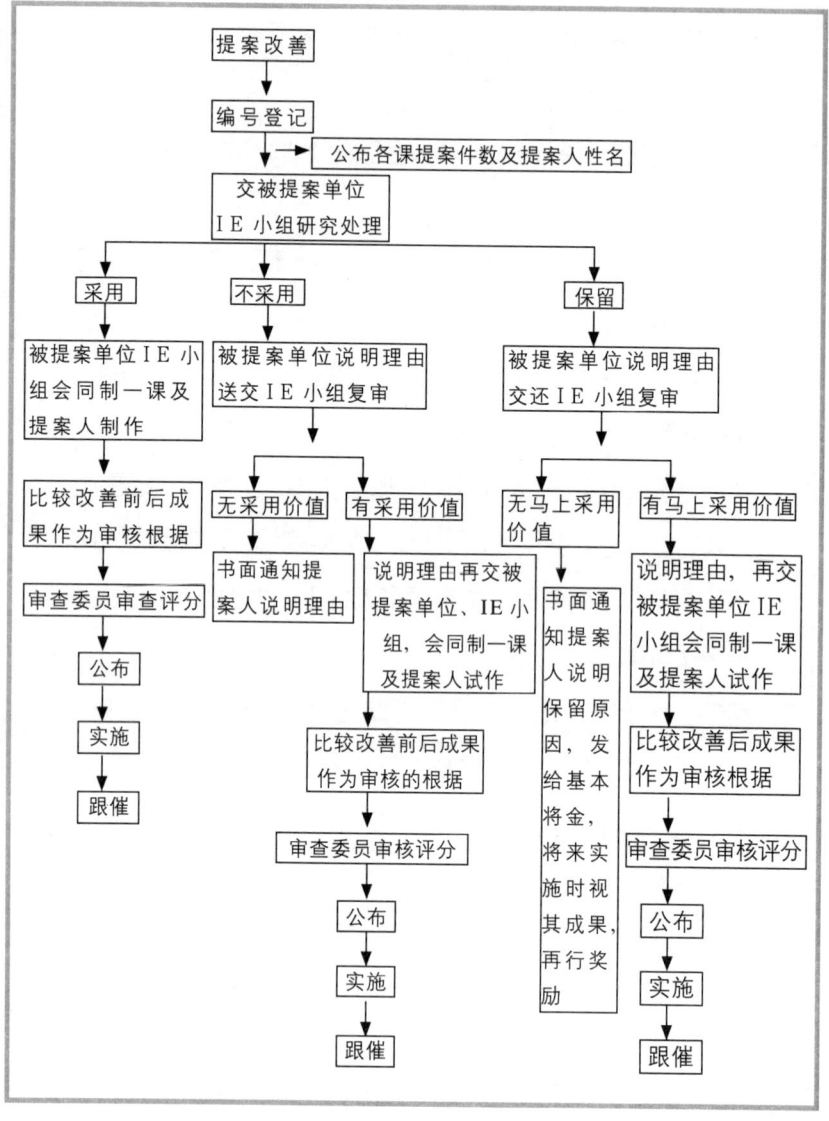

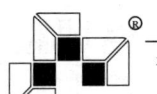

革除「马虎」之心，是追求品质的第一要务。

三、整理整顿与5S活动

1．整理整顿的重要性

到过日本的人，第一个感觉就是工作步调紧凑，工作态度相当的严谨。参观过日本工厂，印象又是特别强烈。厂外的环境如花草、通道，包括汽车的排放，可说是整整齐齐、井井有条。进入厂内又是一种诧异，不论办公场所、工作车间、储物仓库，从地板、墙板、地上物到天花板，所看到的均是亮亮丽丽整洁无比。人们井然有序地在工作，物品也井然有序地在流动。也许你会问，难到这就是日本这样一个自身自然资源缺乏的国家，在二三十年的时间里挤身世界经济强国的道理吗？

在日本的企业里，答案是肯定的。他们始终认为，整齐清洁的工作人员及工作环境，是减低浪费，提高生产及降低产品不良最重要的基础工程。

笔者在国内从事企业管理工作多年，因工作的关系，看过相当多的工厂，经常的现象是工厂门口的马路有好多坑洞，厂区内虽然不少的工厂重视绿化，但是总是横七竖八地缺乏规划性地摆放许多东西，许多的办公场所灯光显得昏暗，办公家具缺乏统一，办公桌上的文件或文具随意放置。如此的办公场所，"效率"岂会自天而降。再看厂内车间，机器设备定位缺乏流畅，且满布灰尘，保养缺乏，原料、半成品、成品、待修品、报废品存放位置未予合理规划，物品运送通道拐弯抹角，工具随意放置，行政办公区随遇而安。电线、管线随意地加接,工作人员服装仪容不整,经常不必要地走动等等不好的现象,追根究底都是不重视整理整顿或是实施整理不彻底所致。

我们从几个不良现象加以剖析:

(1) 仪容不整或穿着不整的工作人员

① 有碍观瞻,影响工作场所气氛。

② 缺乏一致性,不易塑造团队精神。

③ 看起来懒散,影响工作士气。

④ 易生危险。

⑤ 不易识别,妨碍沟通协调。

(2) 机器设备摆放不当

① 作业流程不流畅。

② 增加搬运距离。

③ 虚耗工时增多。

(3) 机器设备保养不良。

① 不整洁的机器,就如同开或坐一部脏乱的汽车,开车及坐车的人均不舒服,影响工作士气。

② 机器设备保养不讲究,从而对产品的品质也不讲究。

③ 机器设备保养不良,影响使用寿命及机器精度,从而直接影响生产效率,并使品质无法提高。

④ 故障多,减少开机时间及增加修理成本。

(4) 原料、半成品、成品、整修品、报废品随意摆放

① 容易混料——品质问题。

② 要花时间去找要用的东西——效率问题。

③ 管理人员看不出物品到底有多少——管理问题

④ 增加人员走动的时间——秩序与效率问题。

⑤ 易造成堆积——浪费场所与资金。

(5) 工具乱摆放

① 增加找寻时间——效率损失。

② 增加人员走动——工作场所秩序。

③ 工具易损坏。

(6) 运料通道不当

① 工作场所不流畅。

② 增加搬运时间,

③ 易生危险。

(7) 工作人员的座位或坐姿不当

① 易生疲劳——降低生产效率及增加品质变异的机遇。

② 有碍观瞻,影响作业场所士气。

③ 易产生工作场所秩序问题。

综合以上种种不良现象,可以看出,不良现象均会造成浪费,这些浪费包括:

● 资金的浪费

● 场所的浪费

● 人员的浪费

● 士气的浪费

● 形象的浪费

- 效率的浪费
- 品质的浪费
- 成本的浪费

因之如何成为一个有效率、高品质、低成本的企业，第一步就是要重视"整理、整顿、清洁"，并彻底地把它做好。

对以上这些病症，我们开给一个药方，药名叫"5S"。

5S 说明书

现代人易得现代病，现代病无奇不有，而5S的出现，正是现代病的克星。

5S易于吞服，有病治病，无病强身，绝无副作用，请安心使用。

〔成分〕整理、整顿、清扫、清洁、素养。

〔效能〕对任何疑难杂症均为有效。

〔用法〕后续说明。

注意：开始服用后，请持续，切勿中途停止，中断药效。

5S的效能：

a．提升企业形象

· 整齐清洁的工作环境，使顾客有信心，易于吸引顾客。

· 由于口碑相传，会成为学习的对象。

b．提升员工归属感

· 人人变成有素养的员工。

- 员工有尊严，有成就感。
- 对自己的工作易付出爱心与耐心。

c．减少浪费

- 人的浪费减少。
- 场所浪费减少。
- 时间浪费减少。
- 以及以上所陈述的几种浪费减少

减少浪费就是降低成本，当然就是增加利润。

d．安全有保障

- 工作场所宽广明亮。
- 通道畅通。
- 地上不会随意摆放不该放置的物品。

当然安全就有保障。

E．效率提升

- 好的工作环境。
- 好的工作气氛。
- 有素养的工作伙伴。
- 物品摆放有序，不用找寻。

效率自然会提升了。

f．品质有保障

品质保障的基础在于做任何事都要"讲究"，不"马虎"，5S就是要去马虎，品质就会有保障。

品质 — 价值与尊严的起点。

2．5S 运动的兴起

20世纪末,"日本制"的产品遍布世界每一个角落,许许多多的经济专家及管理学者不禁要问:他们怎么啦?

当然这其中的因素很多,有因缘际会的机遇问题,但更大的原因应该是他们不断的追求效率,不断地追求品质,不断地研发,也因为不断地研发才能争取更大的市场空间。也因不断的追求效率与品质,才能降低成本,创造更大的企业利润。

在追求的过程中有两个特色:

(1) 循序渐进

从基础做起,如此而 5S 运动的产生。

(2) 全员参与

从基层做起,如 QCC 活动,提案改善活动等。

"5S"对某些人来讲也许不屑一顾,认为很简单,但是再简单的事不去做,或不彻底去实施,就不会有效果。再者,实施"5S"如缺乏实施前的规划与准备,加上推动及实施人员缺乏应有的共识与决心,往往也会流于虎头蛇尾。所以实施"5S"应让其形式化→行事化→习惯化。

等到习惯化后,一切事情就变得那么自然了,也就成了企业内活动的一种准则(标准了)

3．5S 运动的实施

⑴ 5S 定义

① 整理（SEIRI）

将工作场所的任何物品区分为有必要与没有必要的除了有必要的留下来以外，其他的都清除掉。

目的：

腾出空间，空间活用。

● 防止误码率用、误送。

● 塑造清爽的工作场所。

注意：要有决心，不必要的物品应断然地加以处置，这是5S的第一步。

② 整顿（SEITON）

把留下来的必要用的物品依规定位置摆放，并放置整齐，加以标示。

目的：

工作场所一目了然。

消除找寻物品的时间。

整整齐齐的工作环境。

消除过多的积压物品。

注意：这是提高效率的基础。

③ 清扫（SEISO）

将工作场所内看得见与看不见的地方清扫干净，保持工作场所干净、亮丽。

目的：
- 稳定品质。
- 减少工业伤害。

④ 清洁（SEIKETSU）

维持上面 3S 的成果。

⑤ 素养（SHITSUKE）

每位成员养成良好的习惯，并遵守规则做事。培养主动积极的精神。

目的：
- 培养好习惯，遵守规则的员工。
- 营造团队精神。

(2) 实施的要诀

① 整理

如何区分要与不要的物品？大致可用如下的方法来区分。

① 不能用 ─────┐
                  ├ 不用 ── 废弃处理
② 不再使用 ────┘

③ 可能会再使用（一年内）────┐
                                  ├ 很少用 ── 放储存室
④ 6 个月到 1 年左右用一次 ────┘

⑤ 1 个月到 3 个月左右用一次 ──── 少使用 ── 放储存室

⑥ 每天到每周用一次 ──── 经常用 ── 经常用放工作场所边

以上的第①②应实时清出工作场所，作废弃处理；第③④⑤应实时清出工作场所，改放储存室；第⑥项留在工作场所的近处。

事例：

- 办公区及料仓的物品。
- 办公桌、文件柜、置物架的物品。
- 过期的表单、文件、资料。
- 私人物品。
- 生产现场堆积的物品。

② 整顿

把不要用的清理掉，留下的有限物品再加以定点定位放置。除了空间宽敞以外，更可免除物品使用时的找寻时间，且对于过量的物品也可实时处理。

做法如下：

- 空间腾出。
- 规划放置场所及位置。
- 规划放置方法。
- 放置标示。
- 摆放整齐、明确。

效果：

a．要用的东西随即可取得。

b．不光是使用者知道，其他人也能一目了然。

事例：

- 个人的办公桌上、抽屉。
- 文件、档案分类、编号或颜色管理。
- 原材料、零件、半成品、成品的堆放及指示。
- 通道、走道畅通。
- 消费性用品(如抹布、手套、扫把)定位摆放。

③ 清扫

工作场所彻底打扫干净,并杜绝污染源。

做法:

- 清扫从地面到墙板到天花板所有物品。
- 机器工具彻底清理。
- 发现脏污问题。
- 杜绝污染源。

领导者带头来做。

事例:

a．办公桌面紊乱、粉尘、水渍。

b．垃圾、废品未处理。

c．玻璃门窗不干净。

d．水管漏水,噪音污染处理。

e．破损的物品修理。

④ 清洁

贯彻上面3S。

运用手法:

- 红色标签。
- 3U MEMO。
- 目视管理。
- 查检表。

⑤ 素养

5S活动始于素养，终于素养。

一切活动都靠人，假如"人"缺乏遵守规则的习惯，或者缺乏自动自发的精神，推行5S易于流于形式，不易持续。

提高素养主要靠平时经常的教育训练，认属企业、参与管理，才能收到效果。

素养的实践始自内心而形之于外，由外在的表现再去塑造内心。

整理：从心中就有"应有与不应有"的区分，并把不应有的予以去除的观念。

整顿：从心中就有"将应有的定位"的想法。

清扫：从心中就有"彻底清理干净，不整洁的工作环境是耻辱"的想法。

清洁：从心中就有保持清洁，保持做人处事应有态度的想法。

素养：心中不断追求完美的想法。

事例：

- 员工应确实遵守作息时间，按时出勤。
- 工作应保持良好状况（如不可随意谈天说笑、离开工作岗位、呆坐、看小说、打瞌睡、吃零食等）。

- 服装整齐，戴好识别卡。
- 待人接物诚恳有礼貌。
- 爱护公物，用完归位。
- 不可乱扔纸屑果皮。
- 乐于助人。

4．如何推行5S

(1) 消除意识障碍

5S容易做，却不易彻底或持久，究其原因，主要是"人"对它的认知，所以要顺利推行5S，第一步就得先消除有关人员意识上的障碍。

① 不了解的人，认为5S太简单，芝麻小事，没什么意义。

② 虽然工作上问题多多，但与5S无关。

③ 工作已经够忙的了，哪有时间再做5S？

④ 现在比以前已经好很多了，有必要吗？

⑤ 5S既然很简单，却要劳师动众，必要吗？

⑥ 就是我想做，别人呢？

⑦ 做好了有没有好处？

这一系列的意识障碍（存疑），应事先利用训练的机会，先予消除，才易于推行5S。

(2) 成立推行组织，设置推行委员会

① 设定推行目标

② 拟订活动计划及活动办法
③ 教育训练的实施
④ 制定推行的方法
⑤ 制定考核方法

图表4－3

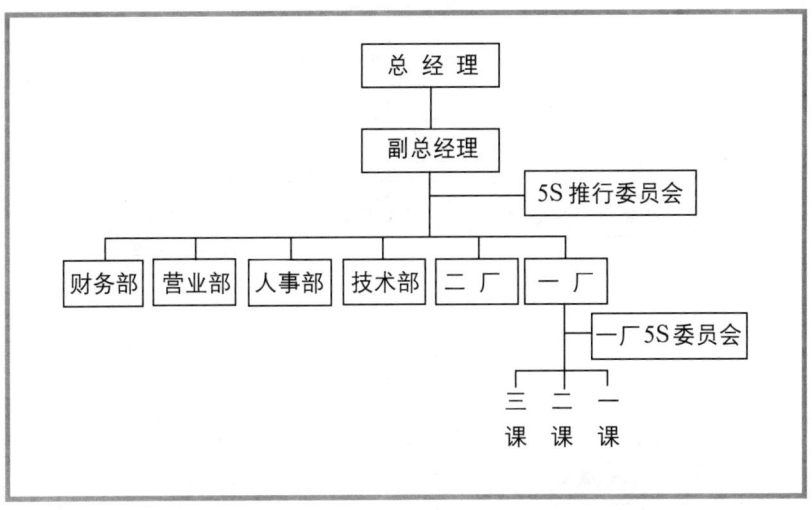

推行5S，企业内全体成员均应参与，借助于推行5S，让工作场所得以整齐清洁，塑造舒爽的工作环境，并进而养成企业内成员做事有讲究的心，久而久之形成了习惯，大家遵守规则，认真工作。

推行5S，企业高阶设置专门的推行委员会，然后在各部门设置推行小组，先有健全的组织，才能形成团队战，也才易于有效果。

※※※※※※※※※※※※※※※※※
※ 对追求品质而言，做事马虎是最大的障碍。※
※※※※※※※※※※※※※※※※※

图表 4-4 整理整顿活动导入程序图

```
        高级主管支持理解
              ↓
           目标设定
              ↓
           决定引进
              ↓
         确立推行体制 → 成立专案小组
              ↓
           研订计划
              ↓
    ┌─────────┼─────────┐
  文宣、主管教育  评价制度建立  示范单位实施
                          （第一次改善）
                              ↓
                           发　表
              ↓
          评价与检讨
              ↓
    ┌─────────────────┐
  设立目标管理         宣导普及全公司
       ↓                   ↓
   全公司展开          示范单位再改善
  （第一资改善）       （第二资改善）
```

(3) 展开文宣造势活动

① 公司推行5S的目的、目标、宣传口号、竞赛办法的宣传活动。

② 作成标语，各部门宣导。

(4) 教育训练

训练内容：

① 5S 概论 ─────────┐

② 整理、整顿、红牌子作战 ────┤ 第Ⅰ阶

③ 清扫、清洁 ────────┘

④ IE、QC 改善手法 ───────── 第Ⅱ阶

(5) 实施

推行初期可选择——部门做示范，然后逐次推广，活动中要与改善的手法结合。

活动的成果要予标准化。

(6) 查核

① 利用查核表

② 红牌子作战

(7) 竞赛

拟订竞赛奖励办法。

5．5S 实施的技巧

(1) 红牌作战

在5S活动展开的过程中，红牌作战是个很重要的活动工具之一。

① 红牌目的：

运用醒目的"红色"标志标明问题的所在。

② 实施方法：

● 整理：清楚地区分要与不要的东西。找出需要改善的事、地、物。

- 整顿:将不要的东西贴上"红牌"。将需要改善的事、地、物以"红牌"标示。
- 清扫:有油污、不清洁的设备贴上"红牌"。藏污纳垢的办公室死角贴上"红牌"。办公室、生产现场不该出现的东西贴上"红牌"。

a. 清洁:减少"红牌"数量。

b. 修养:有人继续增加"红牌"。有人努力减少"红牌"。

附记:

· 看到"红牌"时不可生气。

· 挂红牌的对象可以是材料、产品、机器、设备、空间、办公桌、文件、档案、但是"人"不要挂上"红牌"。

(2) 目视管理

目视管理为方法很简单又很有效果的一种管理方法。其定义为:"一看便知"。

假如每个人均能"一看便知",最起码方便太多了,不必浪费时间找寻,当然工作效率自会提高。

举几个例子:

① 马路上的行车线

假如马路上没有划上行车线,那就不方便多了。

② 邮筒

绿色的邮筒代表可以投递普通信件 ┐

　　　　　　　　　　　　　　　　├ 邮筒 + 颜色

红色的邮筒代表可以投递特急信件 ┘

③ 公告栏

表示有事情传达的地方。

④ 看板或标示牌

如有个平面示意图。或标示牌标示着××部。

⑤ 银行柜台窗口的标示。

如标示着3号窗口,职掌是定期存款。

⑥ 餐厅经理与服务生的制服。

餐厅经理与服务生穿着不同的制服,并挂上识别证,方便顾客。

目视管理,配合5S运动来进行,能达到更好的效果。

(3) 查检表

推行任何活动,除了要有一个详尽的计划表作为行动计划外,在推行的过程中,每一个要项均要定期检查,加以控制。

通过查检表的定期查核,能得到进展情况,若有偏差,则可随即采取修正措施。

推行5S活动,同样地要导入PDCA管理循环。

Plan:拟订活动目标,进行活动计划及准备。

Do:执行阶段,如文宣、训练、实际执行工作。

Check:过程中进行查核,如查检表、红牌子。

Action:采取必要的改进措施。

查检表的使用有两种。一种是点检用,只记人好、不好的符号;另一种是记录用,记录评鉴的数据。

下面介绍查检的项目及重点。前面五表适用于部门内自我评价,后面的两表为对各部门诊断用的查检表。

马虎是追求品质最大的障碍。

图表 4-5 整理

项次	查检项目	得分	查 检 状 况
1	通道状况	0	有很多东西，或脏乱。
		1	虽能通行，但要避开，台车不能通行。
		2	摆放的物品超出通道。
		3	超出通道，但有警示牌。
		4	很畅通，又整洁。
2	工作场所的设备、材料	0	一个月以上未用的物品杂乱放着。
		1	角落放置不必要的东西。
		2	放半个月以后要用的东西，且紊乱。
		3	一周内要用，且整理好。
		4	3日内使用，且整理很好。
3	办公桌（作业台）上、下及抽屉	0	不使用的物品杂乱。
		1	半个月才用一次的也有。
		2	一周内要用，但过量。
		3	当日使用，但杂乱。
		4	桌面及抽屉内均最低限度，且整齐。
4	料架状况	0	杂乱存放不使用的物品。
		1	料架破旧，缺乏整理。
		2	摆放不使用但整齐。
		3	料架上的物品整齐摆放。
		4	摆放为近日用，很整齐。
5	仓 库	0	塞满东西，人不易行走。
		1	东西杂乱摆放。
		2	有定位规定，没被严格遵守。
		3	有定位也在管理状态，但进出不方便。
		4	任何人均易了解，退还也简单。
	小 计		

图表 4-6 整顿

项次	查检项目	得分	查检状况
1	设备、机器、仪器	0	破损不堪,不能使用,杂乱放置。
		1	不能使用的集中在一起。
		2	能使用但脏乱。
		3	能使用,有保养,但不整齐。
		4	摆放整齐、干净、最佳状态。
2	工具	0	不能用的工具杂放。
		1	勉强可用的工具多。
		2	均为可用工具,缺乏保养。
		3	工具有保养,有定位放置。
		4	工具采用目视管理。
3	零件	0	不良品与良品杂放在一起。
		1	不良品虽没即时处理,但有区分及标示。
		2	只有良品,但保管方法不好。
		3	保管有定位标示。
		4	保管有定位,有图示,任何人均很清楚。
4	图纸、作业标示书	0	过期与使用中杂在一块。
		1	不是最新的,但随意摆放。
		2	是最新的,但随意摆放。
		3	有卷宗夹保管,但无次序。
		4	有目录,有次序,具整齐,任何人很快能使用。
5	文件档案	0	零乱放置,使用时没法找。
		1	虽显零乱,但可以找得着。
		2	共同文件被定位,集中保管。
		3	以事务机器处理而容易检索。
		4	明确定位,使用目视管理任何人能随时使用。
	小 计	分	

图表4-7 清扫

项次	查检项目	得分	查 检 状 况
1	通道	0	有烟蒂、纸屑、铁屑其他杂物。
		1	虽无脏物,但地面不平整。
		2	水渍、灰尘不干净。
		3	早上有清扫。
		4	使用拖把,并定期打扫,很光亮。
2	作业场所	0	有烟蒂、纸屑、铁屑其他杂物。
		1	虽无脏物,但地面不平整。
		2	水渍、灰尘不干净。
		3	零件、材料、包装材存放不妥,掉地上。
		4	使用拖把,并定期打扫,很光亮。
3	办公桌作业台	0	文件、工具、零件很脏乱。
		1	桌面、作业台面满布灰尘。
		2	桌面、作业台面虽干净,但破损未修理。
		3	桌面、台面很干净整齐。
		4	除桌面外,椅子及四周均干净亮丽。
4	窗、墙板天花析	0	任恁破烂。
		1	破烂但仅应急简单处理。
		2	乱贴挂不必要的东西。
		3	还算干净。
		4	干净亮丽,很是舒爽。
5	设备、工具、仪器	0	有生锈。
		1	虽无生锈,但油垢。
		2	有轻微灰尘。
		3	保持干净。
		4	使用中防止不干净措施,并随时清理。
	小 计	分	

图表4-8 清洁

项次	查检项目	得分	查 检 状 况
1	通道和作业区	0	没有划分。
		1	有划分,但不流畅。
		2	划线感觉还可以。
		3	划线可以地面有清扫。
		4	通道及作业区感觉很舒畅。
2	地面	0	有油或水。
		1	油渍或水渍显得不干净。
		2	不是很平。
		3	经常清扫,没有脏物。
		4	地面干净亮丽,感觉舒服。
3	办公桌作业台椅子架子会议室	0	很脏乱。
		1	偶尔清理。
		2	虽有经清理,但还是显得脏乱。
		3	自己感觉很好。
		4	任何人都会觉得很舒服。
4	洗手台厕所等	0	容器或设备脏乱。
		1	破损未修补。
		2	有清理,但还有异味。
		3	经常清理,没异味。
		4	干净亮丽,还加以装饰,感觉舒服。
5	储物室	0	阴暗潮湿。
		1	虽阴湿,但加有通风。
		2	照明不足。
		3	照明适度,通风好,感觉清爽。
		4	干干净净,整整齐齐,感觉舒服。
	小 计	分	

图表 4-9 素养

项次	查检项目	得分	查 检 状 况
1	日常 5S 活动	0	没有活动。
		1	虽有清洁清扫工作,但非 5S 计划工作。
		2	开会有对 5S 宣导。
		3	平常做能够做得到的。
		4	活动热烈,大家均有感受。
2	服 装	0	穿着脏,破损未修补。
		1	不整洁。
		2	纽扣或鞋带未弄好。
		3	厂服,识别证依规定。
		4	穿着依规定,并感觉有活力。
3	仪 容	0	不修边幅又脏。
		1	头发、胡须过长。
		2	上两项,其中一项有缺点。
		3	均依规定整理。
		4	感觉精神有活力。
4	行为 规范	0	举止粗暴,口出脏言。
		1	依衫不整,不守卫生。
		2	自己的事可做好,但缺乏公德心。
		3	公司规则均能遵守。
		4	主动精神,团队精神。
5	时间观念	0	大部分人缺乏时间观念。
		1	稍有时间观念,开会迟到的很多。
		2	不愿时间约束,但会尽力去做。
		3	约定时间会全力去完成。
		4	约定的时间会提早去做好。
	小　计	分	

图表4-10 5S查检表（工厂现场诊断用）

查检日期：
查检者：

项目	查 检 内 容	配分	得分	缺点事项
1.整理	①是否定期实施红牌作战（清除不必要品）?	5		
	②有无不用或不急用的夹治具、工具?	4		
	③有无剩料等近期不用的物品?	4		
	④是否"不必要的隔间"影响现场视野?	4		
	⑤作业场所是否明确的区别清楚?	3		
	小计	20		
2.整顿	①仓库、储物室是否有规定?	4		
	②料架是否定位化，物品是否依规定放置?	4		
	③治工作是否易于取用，不用找寻?	5		
	④治工具是否颜色区分?	4		
	⑤材料有无配置放置区，并加以管理?	5		
	⑥废弃品或不良品放置有否规定，并加以管理?	3		
	小计	25		
3.清扫	①作业场所是否杂乱?	3		
	②作业台上是否杂乱?	3		
	③产品、设备有无脏污，附着灰尘?	3		
	④配置区划分线是否明确?	3		
	⑤作业段落或下班前有无清扫?	3		
	小计	15		
4.清洁	① 3S是否规则化?	5		
	②机械设备是否定期点检?	2		
	③是否遵照规定的服装穿着?	3		
	④工作场所有无放置私人物品?	3		
	⑤吸烟场所有无规定，并被遵守?	2		
	小计	15		
5.教养	①有无日程管理表?	5		
	②需要的护具有无使用?	4		
	③有无遵照标准作业?	5		
	④有无异常发生时的对应规定?	3		
	⑤晨操是否积极参加?	3		
	⑥是否遵守开始、停止的规定?	5		
	小计	25		
合计				
评语				

图表 4-11 5S 查检表（工厂现场诊断用）

查检日期：
查检者：

项目	查 检 内 容	配分	得分	缺点事项
1.整理	①是否定期实施红牌作战（清除不必要品）?	4		
	②有无档案规定，并被清楚了解?	6		
	③桌子、文件架是否为必要最低限度?	4		
	④是否"没有必要的隔间"影响现场视野?	3		
	⑤桌子、文件架、通路是否有划分隔间?	3		
	小计	20		
2.整顿	①建档规定是否确实被执行?	5		
	②文件等有无实施定位化（颜色、斜线）?	4		
	③磁碟片管理?	4		
	④需要的文件、碟片能否马上取出?	5		
	⑤书柜、书架管理责任者?	3		
	⑥购置品有无规定放置处，并做补充规定?	4		
	小计	25		
3.清扫	①地上、桌上是否杂乱?	3		
	②垃圾桶是否积得满满?	3		
	③管路、配线是否杂乱?	3		
	④供应开水处有无管理者表示?	3		
	⑤墙壁、玻璃是否保持干净?	3		
	小计	15		
4.清洁	①OA 机器有否保持干净?	3		
	②抽屉内是否杂乱?	3		
	③私有物品有无依规定放置?	3		
	④下班时桌上是否整齐?	3		
	⑤是否遵照穿着服装规定?	3		
	小计	15		
5.教养	①是否有每周工作计划表来管理?	4		
	②部门的重点目标，目标管理是否被目视化?	4		
	③公告处有无规定，有无过期公告?	4		
	④接电话人不在，是否有留话备忘?	3		
	⑤是否活用目的表示板?	3		
	⑥有无文件分发及传阅规则?	4		
	⑦晨操是否积极参加?	3		
	小计	25		
合计评语		100		

6. 实施事例与成果

(1) 排除资源的浪费、空间的浪费

事例1：因机械设备的清扫，找出了油压作动油的渗漏，并予以彻底清扫，使得全工厂一年内节省近万元。

事例2：因办公室的书类整理，清出两段抽屉3台分的不必要书籍。

事例3：推行全工厂的整理，清理出相当于数十万元的废料。

事例4：整理现场工具，使扳手和铜锥在未来1年将不需购买。

(2) 作业效率的提升

事例1：整理、整顿、清洁展开约6个月时间，工厂劳动生产向上提升10%。

事例2：整理、整顿、清洁实施数个月后，生产线的生产力提升10%。

(3) 慢性品质不良的去除

事例1：在精机工场展开整理、整顿、清洁运动，不良品降低0.8%。

事例2：板金加工自动化生产线，实施5S活动，返工重修的不良率降低0.5%。

图表4-12

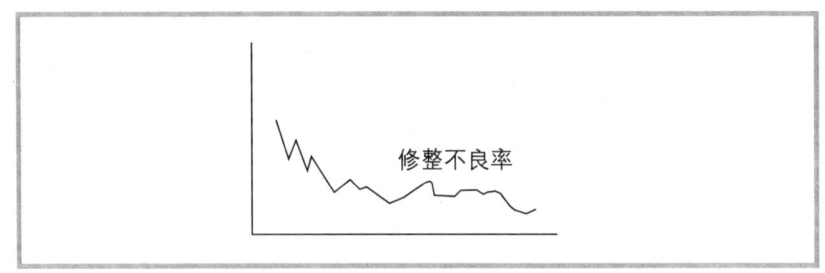

(4) 机器设备故障的减少

事例1：从清扫点检开始设备小缺点的改善，机器设备运转正常，突发的事件故降低2%。

事例2：在清扫点检的第一步，因设备小缺点的改善（改善管理），使最瓶颈的设备运转率提高20%倍，生产倍增，相对设备投资减少。

图表4－13

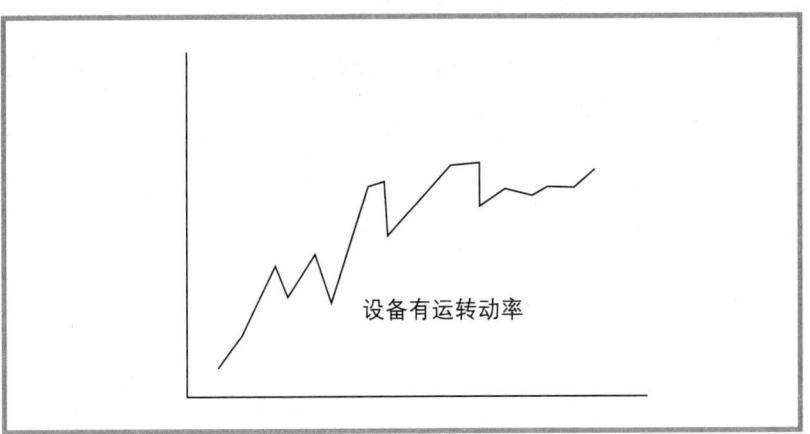

(5) 更换生产线时间缩短的体制改善

事例：以整理、整顿为第一步，彻底缩短更换生产线时间，工厂平均更换时间（平均每次）由20分降到15分。

7．5S 活动案例

整理月——红色标签活动

跨出5S的第一步

活动的动机

华新丽华电线电缆公司曾与日本住友电工株式会社进行管理技术合作，前后由住友电工派遣两位高级干部至该公司辅导，导入多项的管理制度，借此提高管理水准，5S为其中项目之一。

所谓5S是指整理（Seiri）、整顿（Sciton）、清扫（Seiso）、清洁（Seiketsu）、素养（Shitsuke）等五项。

该公司为了使5S本地化，特将其名改为"五项好"，衍生其真谛如图所示，并登在华新月刊上广为宣导。

为了配合该公司董事长政策，"健全基本"起见，如能贯彻并落实"五项好"，将不失为良好的手段之一。最高级经营阶层（TOP）都强力地支持，连荣誉董事长也频频关怀；同时各部门经理、课长等管理阶层亦热烈响应，于是再通过组织力量，得以顺利展开各项活动。

活动的内容

(1) 成立推行体制

1989年8月重组"五项好推行委员会"，制定有关组织规定，以各课长为当然委员，生产本部门（厂长）为主任委员，每月开会一次，以拟订年度活动计划、各项活动办法、教育计划与实施。并在委员会规定中明定五项好的定义，以使活动有所遵循。

(2) 展开文宣及教育训练

五项好活动以"素养"为中心，以"人"为出发点，以"整理"为首要之务，尤其整理"不同意见"，制造"共同语言"是五项好的第一步；有计划而分段地将进行项目加以"定位（整理）"，是推动的要领。

因此，自从1989年9月起，该公司展开一连串的宣导活动。首先编制30条标语，分别悬挂于各工作场所，以唤起全体员工的共识。同时由推行委员派员赴各部门，向班长级以上人员讲解五项好之定义、重要性及其效益。并由讲师编制五项好活动、红色标签活动等教材，以课长级为对象，分成两阶段讲解有关的观念、步骤、手法等。推行委员会的构想大致如下：

① 今后将寓"活动"于教育训练之中，以便知行合一。

② 通过教育训练，以便意识革新、沟通工具、缩短部门差距。

整理不同意见→塑造共同语言→统一进行步调

③ 将活动由 形式化 → 行事化 → 习惯化

④ 希望各项活动与品管圈活动及提案制度相结合，以收事半功倍之效。

(3) 五项好从"整理"开始

正如前述，"五项好（5S）"是一切改善活动的基础，"整理"不但是五项好的项目之一，也是该活动的首要之务，可说是五项好的基础。现将"整理"的定义重述如下。

① 将东西分为

● 需要的东西。

● 不需要的东西。

② 丢弃或处理不需要的东西

③ 保管需要的东西

至于"整理"的主要目的如下：

● 腾出宝贵的空间。

- 防止误用、误送
- 防止变质与积压资金
- 塑造清爽的工作场所。

看起来"整理"的工作非常简单,其实要使其落实却相当困难,尤其下决心"丢弃",更要魄力。

如果未定期"整理",将使工作场所堆满了不需要的东西,于是每天反复地"整顿"、"清扫"不需要的东西,将使参与五项活动的员工,感到无聊而厌烦,以致效果不彰。因此,如果未彻底做好"整理"的工作,将使五项好活动事倍功半。由此推论,如果五项好活动是一切改善活动的基础,那么"整理"就是基础中的基础,也是提高效率的第一步。

(4) 拟订"整理月活动办法"

该公司五项好推行委员会为了彻底进行"整理"的工作,特地通过"整理月活动办法",同意每年的四月,十月为"整理月",并正式列入公司的"行事历"之中,利用目视管理的"红色标签"(如下图所示),以发现久藏的需品、不急品、不良品。一但发现上列物品,不但对其贴上红色标签,同时如同警察开罚单一般,将"红色标签通知单"发给有关单位(课),限期处理或改善。依生产部门及幕僚部门的特征,分别订出红色标签的对象,当然包括下列各项;

① 库存品

原物料库存、成品库存、配件库存。

② 机械设备

机械、装置、台车、插板、治工具、桌子、椅子、车辆、备品等。

③ 空间

地面、架子、柜子、通路等。

此次10月份"整理月"活动通过"红色标签"的教育训练,以及策划部门的"动态海报",以达到意识统一、沟通、宣导的目的。此次活动的评审基准分成三部分,内容如下:

● 稽查实绩:各课自行整理期间(10月1日至10月31日止)的实绩。(当然也包括整顿、清扫等项目,只是计分比重较低而已。)

● 执行力:有关"红色标签"所贴物品之处理情形。

● 改善力:对于"红色标签"所贴物品的改善构想、创意。

图表4-14

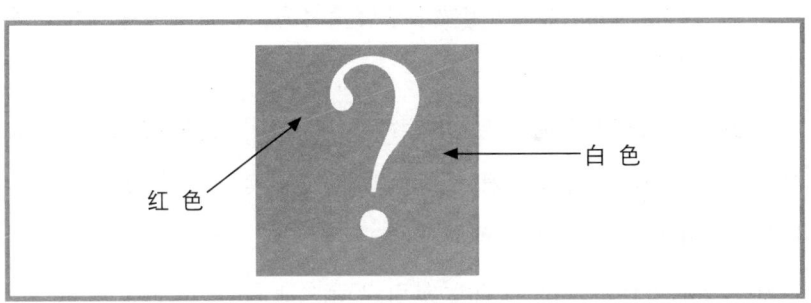

总之,此次活动共分三阶段评审,符合管理循环,亦即为计划(Plan)→实施(Do)→查核(Check)→行动(Action)的原则,并让各课先自主"整理",以激发其自动自发的精神。

在活动之际,有关策划人员亦会数次利用录影机至各工作场所拍摄实况,不仅揭发不好的地方,同时也凸显出可取的地方,以供课长们作改善、借鉴的参考。

此次"整理"的"红色标签活动",对该公司而言,可说已跨出了五项好的第一步,除了使工作场所比以前整洁之外,也使工作场所比以前清爽得多。但待努力之处还多。于是该公司在活动尾声时贴出海报,即"清爽的工作场所、大家共享、大家来维持"。当然此次活动免不了要设计一些查核表。设计查核表时要有构想,须要考虑下列各点:

a. 探讨目前工厂的水准,并与公司方针相结合。

b. 依生产部门与幕僚部门的特征,分别列出查核项目;必要时明定共通的基本项目及各部门的个别项目。

c. 明定查核范围及物品的对象,以免精力分散。

d. 依项目的重要性,必要时列入计分的"比重"。

e. 设计评价基准。明定要求条件及努力目标,使受审单位与评审人有所遵循。

但中国人的习性通常为"十分钟热情",对于活动多是心血来潮,往往过一阵子就会冷落下来。于是,如何"持续",则成为一大课题。连日本人推行5S也难免遇到此难题,因此,后来他们不得不在5S的基础上又加上"习惯化"(日文为Shukan—ka)或另外加上"坚持"(日文为Shikkari)等活动,因其日文罗马拼音的头一字母亦为"S",当然就变成"6S"或"7S"了。

该公司为了持续五项好活动,已拟订"1989年五项好年度活动计划",各项活动积分之中,都列有重点活动项目外的"维持配分",同时各项活动(共六大项)将逐次提升层次,以便使五项好活动落实,并如螺线（Spiral）一般地前进。

或许是题外的话，其实这套5S的原则、手法不仅适用于企业界，亦可用于我们日常的家庭生活，以及环境、交通方面的整洁、整顿，借此使我们的生活更舒畅，环境更明朗，交通更有秩序。如彻底实施5S，将使明天更美好。

※※※※※※※※※※※※※※※※※※※
※　　整齐清洁的工厂是做好品管的基本条件。　　※
※※※※※※※※※※※※※※※※※※※

福友现代实用企管书系
FORYOU MODERN PRACTICAL
ENTERPRISE MANAGEMENT BOOK SERIES

留住一位老顾客，比吸引五位新顾客重要。

第五篇

品质管制教育

一、品管教育的实施
二、品质——永无止境的追求

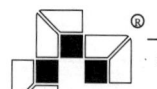

品质要做好，首要高阶层的承诺与参与。

一、品管教育的实施

企业竞争成败的关键在于"人",因之对一个成功的企业主管来说,如何选人、用人、育人及安人便成为他首要的工作。

许许多多的工厂,上自高阶主管下至基层的操作人员,每天穷于应付日常性的工作,如此周而复始,一个人类似一部没有思想的生产机器,除了不停地运转来作出贡献外,剩下的就是疲惫不堪,不知还能做什么了。

事实上,每一个人,只要适度地加以培训及工作教导,在工作上往往会有相当大的发挥,因为他已知道如何做才是好的,也许还会有如何做得更好的挑战意愿,品质管制的推动及实施也不例外。

品质教育的实施,可依下面方法,并周而复始地进行。

1. 品质意识的灌输

日本品管大师石川馨有一句名言:"品质,始于教育,终于教育"。品质,它本身是个很模糊的名词,但它却代表着企业生命,再者,产品品质的好坏,服务品质的好坏,往往都要看企业内每一个成员对品质的认识及心态。因之品质教育的第一个要务是要唤起企业全体成员对品质的"重视",尤其是高层主管方面要树立起"品质意识"及"危机意识"。

下面情况对企业来说已是危机:

(1) 客户的流失。

(2) 市场占有率的下降。

(3) 品质成本的扩大。（失败成本）

(4) 经常的返工再修造成的交期延误。

(5) 在市场上品质差，所造成的企业形象损失。

只有高阶主管对品质有"危机意识"，能够重视品质，也就是对品质管制加以支持，如此品质管制的导入实施，成功的机会才会大。

1950年，美国的戴明博士到日本推广品质管制时，即以各企业的高阶主管为对象，唤起各企业主管的重视，以此作为品质管制导入的突破口。

对于初、中阶管理人员，主要以"品质意识"来灌输，诸如：

① 购入不好的材料，就难有好的成品。

② 不依照标准的作业方法操作，不良率会增高。

③ 工作场所不讲究（清理），会造成更多的不良。

④ 机器、工具、模具平时不保养，生产不出好产品。

⑤ 不良品多，效率就低，生产奖金受影响。

⑥ 不良品多，经常返修补货，交期有问题，就得加班赶生产。

⑦ 不良品多，是一种不光荣的事情。

基层员工占企业的大部分，如何强化基层员工的"品质意识"，更是推动"品质管制"顺畅与否的重要事情。主要强调如下问题：

- 你所做的工作，自己是否满意？
- 你所做的工作，后工序的人是否满意？
- 你所做的工作自己满意及后续的人满意，这是你的"责任"。

"品质意识"的灌输,除利用培训外,也可以利用公司刊物或开会时,经常性、持续性地改变对品质认识的心态。如此通过心态的改变,会带来观念的改变,再造成工作行为的改变,然后再因个人工作行为的改变,逐步影响到整个群体行为的改变。

在品质意识逐步建立后,推动品质管制自然水到渠成了。

2.品管方法的训练及导入

有许多工厂,虽然大家对品质的重要性,均有相当的共识,但在实施品管的过程中,未见很好的效果,甚至产生很多困扰。主要的原因在于:

(1) 未导入品管统计手法。

(2) 未建立起明确的检验标准。

(3) 品管或检验人员未受到应有的职前或在职训练。

其中第1及第3项来自于训练。

应用品管手法主要是作为解决品质问题、预防品质问题的工具,厂内应有一定比例的品管技术人员,具有应用品管统计手法的能力,品质问题自然不会"旧恨未了,新仇又来",让人疲于应付,最坏的是习惯了变成视而不见。

再者,品管或检验人员的管制能力或对产品的判别能力,在未受到应有的培训时,当然是不可靠的,也是厂内最易起争议的事情。

培训计划

品质意识及品管方法,只要来自于灌输及培训。培训要能够凑功,应当有全盘的规划。可区分管理人员与操作人员选择培训地点,操作人员在厂内自已训练,管理人员可针对性地选择部分的人在外面企管顾问公司训练,回来厂内当种子。培训的内容也应依管理人员与操作人员的需要来规划。

应用 5W2H 法来思考培训计划。

WHY:为何培训。

WHAT:培训什么,培训哪些内容。

WHO:哪些人该培训。

WHEN:培训时间。

WHERE:培训地点。

HOW:如何进行,如何验收成果。

HOW MUCH:须花费多少,先做好预算。

使用训练预定表(图表 5-1),更易掌握培训的工作。

图表 5-1 训练预定表

时间\课程 姓名				

3．全员参与，全员改善

品质不是某一个部门的事，也不是某些人的专责，上自最高主管，下至每一个成员，把每一个策略做对，把每一件事做好，这就是对品质负责，也就是对于任何一件事，不光是"做"，而且要尽力地去"做好"。

CWQC 强调的是公司每一个部门，自市调、研发、设计、采购、物管、生产、检验、销售、售后服务，每一个环节均要有效地做好品质管理。

如何导引占有庞大比例的基层员工参与管理，参与工作改善，这更是一个公司竞争能力强弱的最大考验。企业管理人员除了每天忙于日常工作以外，还要考虑如何训练自己，如何训练下属。日本的品管圈、提案改善，提供给我们很多做法，不断地学习，不断地改善，不断地进步。

※※※※※※※※※※※※※※※※※
※　　推行品管，始于教育，终于教育。　　※
※※※※※※※※※※※※※※※※※

追求目标，要有奋战不懈的精神。

4．训练：稳定与成长的基础

范例：××公司人员训练计划

1．目的

本公司为提高全体员工的素质及提高每位员工工作上的技术，使业务能有效地进行，以达到管理上协调的功能及控制的目的，故拟订年度员工培训计划，依照培训项目由各责任部门及各级主管来实施，并定期派员接受企管顾问公司的培训，接受科学管理的技术训练，吸取有效的管理技术及专业技术，以为公司业务发展的基础并配合公司长远运营的目标。

2．训练项目

(1) 一般项目：

① 员工礼仪与企业形象

② 文明与安全（5S）

③ 品质认识

④ 操作标准

以上项目主要对象为一般员工。

(2) 工业管理技术

① 生产计划与控制

② 物料计划与控制

③ 品质管制

④ 现场改善

⑤如何提高效率

⑥如何激发员工积极性。

对象以各层主管人员为主。

(3) 专业技术

①工具机的使用及保养

②模具制作及保养

③电镀工艺

④其他专业技术

对象以主管人员及生产技术人员为主。

(4) 产品开发

①产品设计

②制程设计

对象为研发人员。

(5) 产品销售

①市场调查

②销售战略

③售后服务

对象为业务部门。

3．训练计划

(1) 作成训练预定表。(图表 5-2)

图表 5-2 ××公司年度培训计划

					核可	制定
年度						
项目	内容	时数	日期	培训对象	培训者	备注
一般项目	①员工礼仪与企业形象 ② 5S ③品质认识 ④操作标准	1Hr 1Hr 1Hr 1Hr	每周一项	基层员工	课级主管	每个月反复训练
工业管理	①生产计划与控制 ②物料计划与控制 ③品质管制 ④现场改善 ⑤如何提升效率 ⑥如何激发积极性	6Hr 6Hr 12Hr 6Hr 6Hr 6Hr		各级主管	企管顾问 部门主管	
专业技术	①工具机使用及保养 ②模具制作及保养 ③电镀工艺	3Hr 3Hr 3Hr		技术人员	技术部 各部主管	
开发设计	①产品设计 ②制程设计	6Hr 6Hr		研发人员 储备人员	研发主管	
销售	①市场调查 ②销售战略 ③售后服务	3Hr 3Hr 3Hr		业务人员	销售主管 企管顾问	
其他						

(2) 定期派员到同业厂商参观，吸取经验。

(3) 由各级主管训练下属。

(4) 派员参加企管顾问公司讲座或接受到厂辅导。

4．责任人员

(1) 一般项目

由课级主管负责。

② 工业管理技术

由总经理或厂长负责安排。

③ 专业技术

由技术部门生产主管负责。

④ 产品开发

由研发主管负责。

⑤ 产品销售

由业务部门主管负责。

⑥ 送外培训由厂长或总经理核定。

※※※※※※※※※※※※※※※※※※※※
※　认为没有问题，进步就要停止，退步就要开始。　※
※※※※※※※※※※※※※※※※※※※※

第五篇　品质管制教育

推行品管，始于教育，终于教育。切记！！

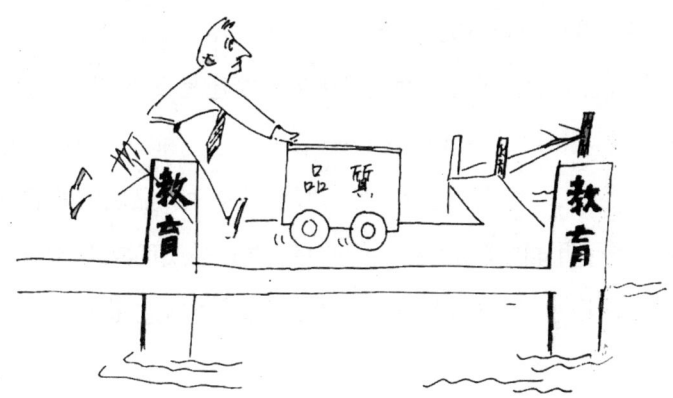

二、品质——永无止境的追求

日元持续不断地升值,的确带给日本这个自身资源缺乏的国家甚大的冲击,然而在对抗日元升值的冲击上,日本的厂商采取了"品质战略",决心以产品的品质及服务的品质取胜,因而也建立了竞争优势。

美国哈佛大学大卫·盖文博士(David Garvin)的研究结论是,高品质有助于市场扩张及成本降低。尤其在目前的消费者导向的经济里,更为凸显。

1989年策略规划研究所(Strategic Planning Institute)的一份研究报告显示,无论利润是以销售报酬还是投资报酬来衡量,相对认知品质(Relative Perceived Quality)和获利率均有相当明显的"正相关"。将提供优异产品与服务的企业和品质较差的企业比较,获利率有明显的差异。在他们的报告里,品质优异排名前20%的企业获利率比一般公司高出30%,更是品质差的企业获利率的两倍左右。

美国管理学者布佐(BUZZEL)和盖尔(Gale)也提出,高品质的企业会有如下优势:

- 较高顾客忠诚度。
- 较多再次购买。
- 市场竞争激烈时,较少受价格战影响。
- 提高相对售价,影响市场占有率较少。

- 较低的销售成本。

在日本企业,品质已不是最后目标,而是一种减少浪费、降低成本、提高生产力甚至鼓舞士气的手段。

在中国,随着经济的改革开放,大量的外商涌入,除了带来资金、技术及管理外,也刺激了国内经济的高度发展。但整体来说,虽然产品对外市场占有率持续升高,但大致上仍属于低品质、低价位的产品,实在是美中不足。

国内企业,也许长久以来受到计划经济的支配,品质管制这个企业竞争利器未能受到充分的重视,致使"品质管制技术"未能同时得到发展。

反观日本,其产品在30年前,在欧美国家仍是代表着低品质的东西。1950年日本邀请美国品管专家戴明博士(Edwards Deming)到日本对日本的企业主管们讲授品质管制,同一年,日本亦同时实施JIS(日本工业规格),自此,日本的品质管制算是开始出发了。

那一年,也就是1950年,日本称为"QC元年"。

后来日本人为了感谢戴明博士给他们带来的贡献,在1951年设立了时至今日全世界品质最高荣誉奖——戴明奖。专门用来奖励应用统计品管而有显著绩效的日本企业,后来也对全世界的企业开放,带动了日本甚至全世界学习品质管制的热潮,事实上也对近代的企业管理影响甚巨。

1960年,日本的科技联盟(JUSE)提倡仪每年的11月为"国家品质月",鼓励企业的参与并展开品质管理活动。

1962年，日本发起了组织（品管圈QCC）活动，自此在日本的企业，由原先的高阶主管的品质战略，演变为全员参与的改善活动，而形成一种风潮。谈品质，日本第一，打下了根基。

在此，要呼吁国人，中国人："日本能，我们为何不能？"。

请大家一起重视品质管理，学习品质管理，因为：品质，是企业未来的决战场。

※※※※※※※※※※※※※※※※※※※
※　　　　推行品管，降低成本，增加利润。　　　　※
※※※※※※※※※※※※※※※※※※※

第六篇

服务业的品管

一、服务业的兴起
二、服务业的品质
三、企业形象与员工培训
四、人际关系
五、制造业的服务意识
六、成功的典范
七、展望未来的服务业

一、服务业的兴起

市场经济的本质就是竞争，竞争的结果，从好的方面来说可以刺激成长，而"不知"的企业原地踏步，"不觉"中可能就会被淘汰。

我们也一再地提起，企业永续经营的基石在于产品的品质，在市场日渐成熟、商品也逐步同质化的时候，服务的品质在日趋激烈的市场里，就扮演着举足轻重的角色。

人们习惯用工业化来衡量一个国家的开发程度。事实上工业的发达，也代表着经济的进步及生活品质提升的要求，在此环境下服务业也就随之兴起，所以说服务业与制造业是互动的。两者是互相寄生的。

美国学者克拉克（Colin Clark）形容经济体制的转型是依循下面的模式在运行，由前工业时代到工业时代，然后再进展到后工业时代，他把这三个时代的经济活动区分为初级产业，指的是农业；次级产业，指的是制造业；及三级产业，就是我们通常所谓的第三产业，这里三级产业指的就是服务业，或者说是除了初级产业及次级产业以外的所有经济活动。

广义的服务业在定义上也许过于模糊，下面列出的行业，可以让我们更进一步认识，例如：金融业、保险业、房地产业、运输业、通讯业、公用事业、批发业、零售业、医疗业、广告业、专业服务业、教育事业、旅馆业、观光业、餐饮业、娱乐业及政府机构，这些均是我们常见的服务业。

美国为20世纪经济发展的典型代表，我们来看看一个世纪来他们在农业、制造业、服务业这三个行业中就业人口的演变。首先是农业人口自1860年的59%下滑至1985年4%再来看制造业，就业人口自1860年的21%到了1960年的33%为高峰，此后就逐步往下滑到了1986年的26%；最后我们看服务业的就业人口，1860年在三种就业人口中，服务业人口是最低，占19%，此后随着农业人口的逐步减少，伴随着制造业的成长而持续增长，到了1985年达到了70%，根据资料显示，工业较发达的国家，包括制造业最典型的日本与德国，在20世纪90年代，其国内的服务业就业人口所占的比率，均已超过了65%以上。反观在国内，第三产业仍在萌芽阶段，但发展的势头相当迅猛，我们应及早地加以探讨及规划，以迎接新时代的来临。

图表6-1 近代美国各行业就业人口趋势

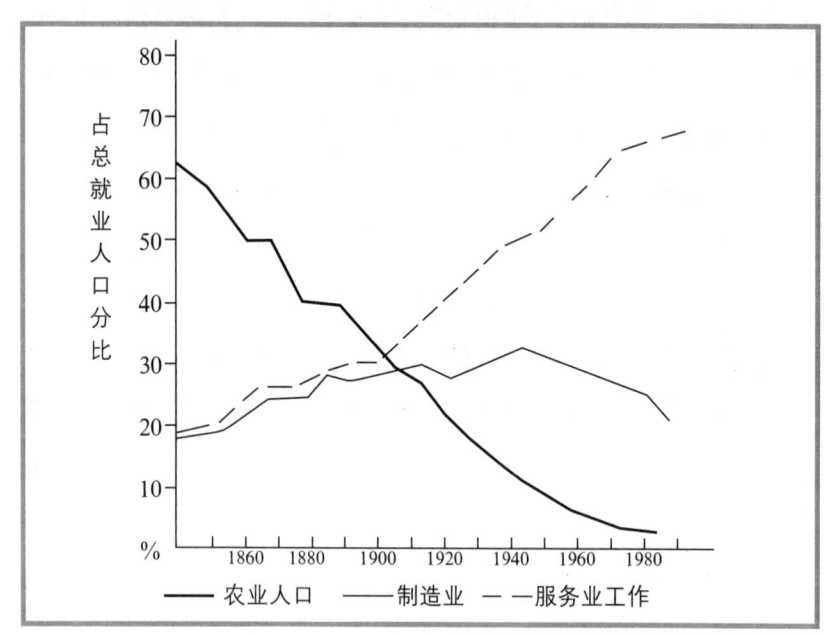

二、服务业的品质

服务的品质,简单的说就是顾客满意的程度。制造业是通过产品来与顾客接触,因此控制品质的最佳途径即在于控制产品的品质,并加强售后服务的工作。

大多服务业的产品是无形的,与顾客接触的方式往往也是人对人的接触,所以服务业的金三角:公司、员工、顾客。

而人非同于产品,量化较难,也不易稳定,但不管如何,想成为杰出的服务业,借助品质的提升,那是条不变的道路。

金三角里的公司,意指的是企业的形象,或者是企业的文化,更重要的是企业主管的经营理念。理念指导行为,产生的影响既大又深远,我们也可以如是说:企业主管如果处处均要精打细算地考虑赚钱,对服务品质的提升而言,往往就是个障碍,毕竟提升品质,先期总得要付出一些代价。

一个服务人员对顾客来说,代表的是一种产品。

同样的事换成不同的服务人员,顾客的感受也会不同,呈现的是不同的满意程度,因之训练有素的服务人员,也才能让顾客体会出服务的品质,对服务业来说,人就是产品最重要的组成部分。

既然品质是关键着企业生存与发展的重要因素,那对于品质总要有一个衡量的方法。服务业也不例外。制造业主要通过有形的产品,而大部分的服务业在缺乏有形的产品条件之下,想要了解品质的好坏,往往就得从服务的顾客来取得。在国内我们可以经常发现在较竞争的行业里，客户满意度的调查已作为加强服务品质很重要的做法。

三、企业形象与员工培训

企业形象来自于社会大众的公认，所谓有口皆碑，良好的企业形象有如一块磁铁，对社会大众会产生一种自然的吸引，当然顾客也就会产生一种信赖，尤其服务业，品质的好坏并不太容易取得客观的衡量标准，因之企业形象的塑造更显得重要。

时下甚多的企业通过外表包装来增加企业知名度，虽然知名度的提升对于消费者产生诱导作用，但是知名度并不见得与信赖度、满意度划等号，大量不好的产品与服务，也许能取得短期利益，但长远来说何尝不是对企业形象或产品形象的一种侵蚀。正确来说，形象应该是来自于广大顾客的满意与信赖，而这种满意与信赖就是建立在产品与服务的品质基础上。

品质不是一天形成的，也不是光凭一个人可以做到的，它是点点滴滴、循序渐进的，也是要全员来做，而主宰此一工作的是，企业主管是否具备强烈的品质意识及凡是力求尽善尽美的经营理念，并有决心付之行动。

就拿最普通的接电话，讲究品质的公司总给人热情、亲切的感觉。不要小看它，因为它代表着企业给人的第一印象，我想大家都有此经验。

上面举的接电话例子，如何接好电话，也就是如何把接电话的品质做好，大部分的人就得靠训练，训练是为了追求更完美，也只有不断地训练，才能培养更高品质的人，因之服务业对于人的培训，更显得需要，也是提升工作品质最有效的途径。

品质的好坏来自于变因，在制造业里这些变因来自于人、机器、物料、技术及环境，管理人员可以自这几个方向加以预防及控制，以期得到更好的产品。而在服务业里，品质的变因来自于人，控制人除了在选用及培训加强工作外，也可以比照制造业标准化的方式设计服务作业系统，这个服务作业系统包括工作流程及工作方法，因为品质只有在控制的状况之下再寻求提升才有意义。

再者，要保持一贯的高服务品质，除了借助训练来提升服务素质外，如何让这些成员以热情、亲切的态度，面对顾客，引起好感，在公司内部也得有一套有效的激励措施。

从很多表现杰出的服务业公司所得的经验来看，对员工的激励，并不完全在于薪金的多寡，更重要的是"有效的沟通"，对服务业的公司来说，内部的沟通往往比对顾客的沟通更重要。这些内部的沟通包括：让员工了解对这份工作的期望，让员工与主管来一起设定目标，用直接了当的方法评估工作成果，再经由正确的鼓励来帮助员工业绩的成长或突破困境。有效的沟通需要的是领导阶层能够倾听下属的心声，而且要能即知即行，有所行动。

记住，激励对大多数人而言要的是诚恳的赞赏，哪怕是指责也是要建立在追求完美的目的上。

我们可以看到一种效应：员工的满意程度越高，顾客的满意度往往跟着提高，顾客的满意度提高代表公司的信赖度提升，当然业务就可以快速成长。

四、人际关系

大多数的服务业，工作往往靠人与顾客的接触来运行，所以服务公司或个人如何与顾客进行有效的沟通并进而增进关系，对于"人际关系"技巧的修练来说，已成为不可或缺的一部分，尤其在这个人际愈趋复杂的时代里，良好的人际关系技巧，更可以协助你迈向成功之路。

修练人际关系，首先是建立能宽容、能善解、能服务的心，所谓是：

心变则态度变。

态度变则行为变，

行为变则习惯也就跟着变。

先建立正确的心，再逐步修练一些技巧，久而久之，养成生活的一部分，自然会对你的工作产生无比的助益。

下面的一些技巧要紧记在心，并试着去做：

● 只有不够聪明的人才喜欢批评、指责或抱怨他人。

美国一位极负声望的总统林肯就说过一句名言：

"你不论断他人，他人也就不会论断你"。

- 人们总是喜欢受到赞赏，你的顾客也不例外。

真诚的赞赏别人，成本最低，收效最高，你也可以做得到。

- 了解顾客的需要，并尽心尽力协助他来达成。

人家喜欢的是稀饭小菜，你就用不着说服他来吃大鱼大肉。

- 关心别人，必得温暖。

不要忘记，关心别人是销售员必备的特质，也是赢取友谊的途径。
如果我们想结交朋友，就要先不计目的地为别人做些事。

- 经常微笑，表现热忱。

那是让别人喜欢你的最好方法。

- 记住对方姓名，表示亲切。

那是引起别人好感，拉近距离的良药。

上面这些做法，我们都可以做得到，也是提升人际关系，提升服务品质的法宝。

五、制造业的服务意识

随着大批量生产的兴起，组织规模也随之变得庞大，在组织内也因职能的不同作专业分工，从研发、设计、市场调查、销售、财务、总务、人事到厂内的生管、物料、品管、生技、制造、形成一个完整的作业系统，环环相扣，这个系统，事实上就是个支援系统，部门与部门间互相支援，完成整体目标。

在这个系统内，每个部门的成员能提升工作品质，自然能让下个工作站的工作能更加顺畅，反之，因为不重视工作品质，带给别人的便是工作障碍。

经营者的经营理念，是如何让顾客在产品及服务上获得最大的满意，而不是只会盘算如何赚钱，就是想到赚钱，首先想的也是如何让顾客赚钱。试想，让顾客不满意的产品或服务，或顾客购买你的产品不赚钱，要顾客长久购买你的产品当然是很难的。反过来说，你的产品带给顾客的是很好的获利及满意的服务，就是销售员不出门，顾客也会来找你啊！

顾客是上帝，不只服务业如此，在任何一个行业里，如何让顾客满意，一直就存在着考验，能留住老顾客，你的事业才有希望。留住老顾客不是靠关系，而是要有能力提供让顾客满意的产品与服务。

工厂是制造产品，工厂最终的生命系于产品上，产品生产效率高低、品质是否稳定均会影响企业竞争力，任何一个高效率高品质的企业就是在于其杰出的团队力量，而这个团队力量则建立在每个人或每个部门的"服务意识"上。

举个例，有好多的企业，将原先组织内的"管理部"，更名为"服务部"，也许工作职掌并未有太大的变动，但我们可以看得出来的是成员工作心态及方法。已从原先的干预、要求形态转换为支持服务的形态了。他们从原先的要求别人应该要怎么样，调整为要求自己应该要怎样，也就是用对待顾客的态度来与企业内的其他部门相处，考虑的是如何让他们更满意。

记住，员工的满意是效率与品质的基础。

在工厂，最终的成果表现在产品上，此一成果也只有在最后的部门——制造部门才能体现出来，工厂虽有专业分工，分成许多不同职能的部门，但这些不同职能部门目标，也可以说唯一的目标，就是如何支援生产部门能更顺畅、更高效率及稳定品质的生产，目的是让顾客能得到更高满意度的产品与服务，这也是企业内部团队的充分表现。

综上所述，我们归纳如下：

企业主管支援顾客，在做法上提升或稳定品质，让顾客满意或获利。

顾客的满意与获利自然会回馈，这个回馈就是成为忠实的顾客，继续购买。

在厂内，其他的部门支援生产部门，在做法上如何让生产部门顺畅、无后顾之忧，如生管部门作成一张很好的生产计划，并做好事前充分的准备，生产部门可以依生产计划顺畅地生产，如此生产部门又是支援销售部门，及时地产出良好的产品，送到顾客手上。

记住，销售人员在争取顾客的时候是站在公司的立场，而在已接受了顾客的购买或订单后，就在站在顾客的角度来替顾客设想，及时提供更好的产品及服务。

产销的密切配合是拉住顾客最佳的保障，也是销售人员最大的利器。

从上述可以看出，一个杰出的企业，从顾客、企业、主管、销售部门、相关部门到生产部门，应建立在一个息息相关，环环相扣的系统里，这个系统就是一种支援系统，建立这个系统得先养成"服务意识"。

我们再往下看。厂里的生产是一个工序接一个工序,经常听到品管人员提醒下个工序就是顾客的概念,如何深植这个观念,就是向企业内的每个成员灌输,把下一个工序当做顾客来看待,既然下个工序就是顾客,那你做的工作就得先让自己满意,下个工序的顾客才会满意,要达到这种做法,就需要每个工序的人懂得管理自己的工作或者要求自己把工作做得更好,这也是近代"自主管理"的来由。

把自己的工作做好,让别人满意,这是负责的表现,也是应该有的服务。假如企业内的成员都能具有此想法及做法,这个企业,无疑将是强有力的"作战兵团"。

六、成功的典范

1. 康师傅方便面

设厂在天津的三资企业顶新集团在1992年推出康师傅方便面,迄今短短的几年时间,从大宾馆的商场、大型的超级市场到逐渐兴起的自选商场及大街小巷的小食杂铺,我们都很容易见到它的身影。"康师傅"在国内怎么来的,人们并不想了解,但是它确实是无所不在。

康师傅如何在国内竞争激烈的食品市场异军突起,并赢得消费大众的青睐呢?有人说是机运,更肯定的应该是企业对提高产品及服务品质的坚持。它就是发生在我们的身边,值得我们去探讨与学习。

(1) 企业主管的经营理念

全心全力地要把商品做得更好，处处以顾客的立场来着想。

(2) 建立好的企业形象：

整齐清洁的工厂设备，环境卫生；

简捷明亮的办公环境；

全力拼搏的企业职工意识。

(3) 提升产品知名度：

CIS 的导入；

广告的独特手法；

事件行销的策略。

(4) 行销战略：

以最好的品质，最方便的使用、最实惠的价格来吸引顾客，并运用"人叫人千声不语，货叫人点首自来"的舆论效果。

(5) 维持产品及服务品质的做法：

重视员工教育训练；

品质来自于不断的训练，没有好的品质，就没有企业的明天。

(6) 服务的信条：

服务的本质就是对产品的保证，可以拉近企业与顾客的关系。

2．日本三和银行的品管圈活动

我们前面介绍了品管圈（QCC）对近代的企业管理产生了巨大的影响。

品管圈主要是运用目标管理的手法融入激励措施，再配合简单的统计技巧来做改善工作，提升品质的一种方法。此方法不仅可获得实质的工作改善，更重要的是，通过QCC的实施更可提升企业成员的工作热望。

在市场里，只要有竞争，便会有品质的要求，尤其服务业，经营者以品质作为经营的核心，虽然需要付出代价，但长远的生存发展及获利是可得到回报的。

品管圈首先在日本的制造业造成很大的效果，此后，很快速的发展到其他的各行业，三和银行即为一个例子。

三和银行的品管圈活动是在1977年5有开始在全银行推动，本着"全员参加自主改善"的信念，来推动此一活动。银行的目标确立为"真正属于大众的银行"。

在如何获得国民更加信赖的前提下来思考，对顾客提供更好的服务，全体人员站在顾客的立场来思考，并付之行动，让每个行员能更具素养及成为技能优秀的行员。

举个例子，其中有一个叫深绿圈，选定的主题是"缩短顾客等待电话的时间"。

做法是使用统计方法将现状作出分析；

(1) 电话铃声响起到接电话时的铃响次数，通过改善做到在铃声响两次以内即接电话。

(2) 实际接话人让顾客等待电话的时间降低到20秒以内。

改善服务品质要点点滴滴去做，每一项的改善都能带给顾客更大的方便与满意，当然这也是企业生命的泉源。

利用品管圈做工作改善，提升服务品质，是一种更科学的方法。

3．其他事例

(1) 摩托罗拉公司

1988年，摩托罗拉公司赢得首届Baldrige品质奖，他们说："我们的成功要归功于管理程序"，这个管理程序很简单：

先拟出一套评估制度

评估绩效

找出影响绩效的问题

面对问题寻求解决

分析因应之道

持续改进

这个管理程序事实上就是品质提升程序，所以他们又说："品质不是我们经营的格言，它是我们生意的一部分。"

(2) 在美国，联邦快递公司一开始就把追求高的服务品质纳入实际的经营中，他们创立一套提高品质的服务系统，所以他们很自信地说："同其他的服务业公司一样，我们的接触范围很广，约有半数以上的员工直接与顾客接触，这些员工的服务品质具有一致的水平。"这使得顾客的满意与快速的服务成为该公司发展的最大利器。

(3) 新加坡的樟宜机场，对旅客来说，强调的是舒适与快速的服务。旅客下机后，从边防检查、托运行李提领到海关的通关检查，他们的承诺是让所有的旅客能够在30分钟内就可以离开机场，为了达到此一服务品质，对服务系统也要求持续地改进，赢得的是"有口皆碑"。

(4) 在台湾有一家小商品店给我的印象很深刻，此店不大，营业员不到十个，整齐的制服，抖擞的精神，始终挂着微笑，叫老板都叫大姐，有客人自店门进来，几乎每个营业员（当然包括老板）都齐声喊着："欢迎光临"，店里的营业空间本来就不大，加上顾客一直很多，所以也就显得拥挤，营业员虽然有各自接待的客人，但营业员之间也很有默契的相互支援，因此顾客从购物到离店，流动也颇为快速，而当顾客离店，不管你有否买东西，又是一个个齐声高喊："谢谢光临"。

这么多人随着顾客的进进出出，齐声喊着"欢迎光临"、"谢谢光临"，此起彼落好不热闹，我曾请教过老板及营业员，她们都认为"热情"就是服务品质，而顾客也喜欢感受这种气氛。

我不知是因为生意不错带来这种气氛，还是因为这种"热情"带来不错的生意。

(5) 我因工作关系住在厦门的时间比较多，公司附近有一家中型的川菜馆，给我的感觉不错，也偶尔光顾。

餐馆的陈设别具用心，谈不上豪华，整洁明亮是它的特色。服务员清一色的制服干净整洁，面带微笑，亲切的服务，给顾客好的感觉。

虽然顾客多，但上菜的时间快，也是让人感到满意的。

最后谈一下消费，消费额是中等的，也就是大多数的人可以消费得起的，这更是它的招牌。

据说这家餐馆在四年前还是一家小店，现在这家是分店，两家店的生意都特别好，经常要排队挂号呢！

坚持高品质的服务，提供物超所值的消费，是做生意的不二法门，也许也是这家店老板具有的先知吧。

七、 展望未来的服务业

人类文明社会的基石，建筑在愿意以共同组织的方式来创造更美好的生活。

工业革命开启了人与机器共同合作的时代，也带给人类更好的物质享受。服务业的工作，大多还是通过人与人的接触，提供善解人意、了解别人、帮助别人的社会功能，而使人们的生活得到更大的满足与方便，所以说，服务业可以改善人们的生活品质，进而提升人们的生活水平。

美国学者对服务业有一段精辟的描述："如果工业社会的意义，是由决定生活水平的商品数量来界定，那么后工业社会就是由服务水平及生活品质——包括健康、教育、休闲及文化艺术等来界定，这是人类所企求，而且可做到的"。

综观全世界经济发达国家的发展史，可以发现制造业与服务业的发展是互动的，是相辅相承的。制造业的发展，带动服务业的兴起，在经济还未发达的时候，人们以量来得到满足，这个时候比较着重的是生理满足，人总是先求温饱，再图享受，在生理上得到满足后，就逐渐以质作为满足生活的取向。

服务业既然是为了满足工作与生活,"支持高品质的服务,也就是处处为顾客设想",可以说在国内服务业发展的过程中,应有的启示。

第七篇

品质管制制度评鉴

品质 —— 企业致胜的关键。

以品质为经营的核心,既可获利,又可永续经营。

如何才是以品质为经营核心的企业,我们可以依照下述的各项加以评鉴:

1. 工程设计

(1) 设计有无经品管单位核对

(2) 有无检查标准与公差

2. 工程蓝图的管制

(1) 厂方有无具备蓝图及工程变更的管理制度。

(2) 若无,则设计资料如何管制。

(3) 蓝图等的使用是否为最新资料。

(4) 品管部门是否使用最新资料。

(5) 品管部门有无要求修改,是否有修改工程或规格。

3. 规格的应用

(1) 有无建立可用的规格、标准。

(2) 品管单位有无查对工程设计的适用性。

(3) 各执行单位是否具备规格的相关文件。

(4) 如需规格修改,是否有修改规格的制度。

4. 作业方法

(1) 操作人员有无完备的作业说明单。

(2) 操作说明单说明的事项是否完整。

(3) 样品与样板有无提供给作业人员。

(4) 作业说明单有无说明安全要求。

5．制程管制

(1) 作业流程图有无确切现行作业。

(2) 厂家有无使用作业流程图。

(3) 检验记录是否与规定的频度相符。

(4) 有无机器操作说明书可用。

(5) 检验员是否依照规定项目检验。

(6) 在制品有无标示、防护与管制。

(7) 在制品能否识别为何种制程。

6．标识与产品识别

(1) 产品有无标志或挂签。

(2) 完否有必要的说明及手册。

(3) 产品是否保持洁净。

7．包装与装运管制

(1) 有无检查盒装或箱装的标志与产品是否符合。

(2) 有无检查装箱重量。

(3) 有无检查装运单据是否完整。

(4) 装运前，产品有否做过落地、冲击等品质保证试验。

8．检验说明与标准

(1) 每一个检验员，有否完备的检验标准书。

(2) 标准书有否列入公差与规格标准。

(3) 检验员有无视力补助器、比较量规或外观限度样本可用。

(4) 是否允许检验员接受规格不符的物件。

(5) 是否有修改规格的通知制度。

9．制程品质管制

(1) 操作员有无使用作业标准书。

(2) 是否实施首件检验。

(3) 操作人员是否做自主检验。

(4) 有无适当量具提供操作员使用。

(5) 作业流程图有无标示检验站。

(6) 有无检验标准书。

(7) 检验员有无做检验记录。

(8) 有无定期作出检验报告。

(9) 有无分隔及管制不合格物品。

(10) 有无稽查制品品质。

(11) 有无试验设备作可靠度验证之用。

(12) 实验室设备有否说明书。

(13) 实验室记录是否与检验频度相符。

10．管制图

(1) 有无使用统计图的制度。

(2) 管制图是否公布适当的位置。

(3) 是否有其他的管制图可用。

(4) 有否指导相关人员使用管制图。

(5) 管制图是否显示最新资料。

11．量测具的设计

(1) 对产品检验有无必须的量规与仪器。

(2) 对特殊产品有无量测设备。

(3) 品管单位有无检讨新方法与设备的要求事项。

12．量规、标准量具及补助设备管制

(1) 有无专用的保护装置。

(2) 是否由专业受训人员管理及维护。

(3) 量规、仪器用完后归还时有否加以检查。

13．检验测试场所及仪器

(1) 厂家是否有适宜的检验场所。

(2) 有无适当的照明。

(3) 有无适当的检验说明及标准可应用。

(4) 检测仪器是否足够，并保持可用状态。

(5) 所需仪器的精度是否适用于产品需要。

14. 品质稽查

(1) 成品于装运前后用无作随机抽验及试验。

(2) 有无与竞争厂家做比较。

(3) 有无向管理及工程单位报告稽查结果。

(4) 有无稽查各项品质功能。

(5) 厂家有无稽查评分制度。

15. 回馈与矫正措施

(1) 每一检查站有无提出不合格的报告。

(2) 品管部门有无分析并编辑品质资料向管理及生产部门作报告。

(3) 有无建立迅速矫正措施的制度。

(4) 在制程中，若有不合格物料存在，品管有无管制。

16. 量规与仪器校验

(1) 有无对检验量规、量测及试检设备建立检验制度。

(2) 所用的量规、量测仪器是否建立比较标准。

(3) 是否建立校验周期及记录。

(4) 量规与仪器是否有标志可以识别校验情况。

(5) 损伤或掉落的量规与仪器是否管制作用并再校验。

(6) 品管部门有无分析校验记录。

17．采购与供应商的联络

⑴ 厂家有无评鉴、批准供应商之制度。

⑵ 购买契约上是否详列品质要求。

⑶ 对供应商是否做品质调查。

⑷ 对物料供应是否实施品质管制。

18．接收检验

⑴ 所有采购原物料有无检验标准单。

⑵ 在检验站，有无采购订单、工程蓝图、规格与标准可使用。

⑶ 厂商对进料有无利用实验室做试验。

⑷ 现行何种抽样计划。

⑸ 有无要求供应厂商提供交货品质合格书。

⑹ 有无检验每批进货。

⑺ 抽样检验是否依规定执行。

⑻ 发现不合格物料，有无处理制度。

⑼ 有无作记录，做供应厂商评价用。

⑽ 厂家是否具备稽查材料来源的制度。

⑾ 对供应商的品质问题，检验单位是否与采购及工程单位建立联系。

19．生产管制

⑴ 有无建立生产管制制度，以计划、控制生产进度。

(2) 生产管制单位是否与物料、工程及生产部门密切联系。

(3) 是否建立存量管制制度，并有效应用。

(4) 仓库是否整齐、清洁、物料储存是否明确标示及防护。

(5) 对于使用期限的物料是否作时效管制。

(6) 合格物料是否标识清楚。

(7) 物料的使用，是否依据先进先出的原则。

20．不合格物料的管制

(1) 工厂有无物料鉴审制度。

(2) 厂家是否将不合格物料以"次级品"使用。

(3) 次级品有无验收标准及使用标示、限制。

21．工厂布置

(1) 工厂物料流程是否适当布置。

(2) 机器、设备安装是否流畅。

(3) 物料的流动是否以最短距离。

(4) 工作场所是否适当布置。

(5) 通道是否适当规划。

22．物料搬运

(1) 搬运容器是否适当。

(2) 在制品有无适当存放。

(3) 装卸场所是否适当。

23．设备维护

⑴ 是否建立机器设备预防保养制度。

⑵ 维护有否作记录。

⑶ 机器设备有无操作、保养及故障修理说明书。

⑷ 机器设备是否保持整洁、可用。

24．厂房照明

⑴ 各区照明是否足够。

⑵ 照明需加防护装置，有无加装。

25．厂房清洁

⑴ 厂区内外是否清洁。

⑵ 办公场所及厂内作业区是否经常保持整齐、清洁。

⑶ 残屑及废材是否每日处理。

⑷ 私人物品是否随意放置。

⑸ 堆积物品是否定期清除。

26．厂内环境管制与卫生

⑴ 对空气、噪音、水污染的作业有无区隔。

⑵ 厂家有无设置环境污染管制的技术人员。

⑶ 对不良的排除物有无管制，以符法规。

27. 安全措施

(1) 危险的操作及地区有无标示。

(2) 紧急出口有无明显识别。

(3) 有无可用的紧急照明设备。

(4) 消防设备。

(5) 电路配线。

(6) 机器警告标志是否易于了解。

(7) 机器转动件加装护罩。

28. 检验及检验人员

(1) 检验及分析人员的级职是否高于操作人员。

(2) 检验及分析人员有否接受适当的工作训练。

(3) 检验及分析人员是否易于识别。

(4) 有无定期实施检验人员检出力测验。

(5) 品管人员人数比例是否适当。

29. 品质意识灌输及人员训练

(1) 如何训练操作人员。

(2) 如何训练检验人员。

(3) 如何训练品管技术人员。

(4) 厂家有无品质奖励措施。

30．品质成本

⑴ 厂家有无编辑品质成本统计的制度。

⑵ 此制度是否显示品质改进在产品成本及公司利润上有功效。

⑶ 对高成本的项目有无追踪处理措施。

31．顾客抱怨处理

⑴ 厂家有无建立顾客抱怨处理的制度。

⑵ 顾客抱怨有无经品管分析，并采取改正措施。

⑶ 何部门接受顾客抱怨，并回复采取措施。

⑷ 顾客抱怨的资料及统计图表是否保留完整。

⑸ 厂家对于已装运但可能有问题的产品有否采取措施。

32．管理与组织

⑴ 管理阶层是否对品质有正确的态度。

⑵ 组织内的品质意识，同时有无渴望生产品质优良的产品。

⑶ 品管部主管向谁负责。

⑷ 督导级干部是否有能力胜任，员工关系是否良好。

⑸ 员工士气是否高昂。

⑹ 厂家有无改善奖励制度。

⑺ 有无其他让操作员参与品质管理的做法。

⑻ 有否定期举行品质管制会报，交换有关资料，解决问题。

献给站着睡觉的人

福友企业管理顾问有限公司
服务项目简介

公司简介

★ Since 1994
★ 辅导、培训各类型企业逾2 500家，人数逾50 000人次
★ 中国管理咨询行业十大标志性品牌

　　福友企业管理顾问有限公司，由台湾知名企管专家林荣瑞先生于1994年创办成立。公司以"提升人的品质"为宗旨，以"和谐、精进"为企业精神，以"追求卓越，创造一流"为经营理念，并向顾客承诺：创造一流的效果。

　　公司提供的服务主要针对企业内部管理的建立及提升与改善。服务项目包括企业管理诊断、制度规划设计、合理化的导入、员工教育训练（企管研讨会、企业内训）、经营管理咨询、顾问辅导，以及企业管理书系、精美海报标语等的企划、发行。

　　在众多企业界朋友的关心与支持下，公司已在全国各大省市成功地辅导及训练台资、港资、欧美、国有及私营企业逾2 500家50 000人次以上，享誉中国大陆制造型企业。

　　伴随着国内企业的成长，福友团队也在适时不断地对自己提出更高要求的挑战。

◆ **制造业管理经典用书尽在福友！**
《福友现代实用企业管理书系》务实可操作性的风格已成为全中国制造业经典用书！

◆ **制造业科学管理的黄埔军校！**
最早接受福友培训的企业人，现已成长成为企业的中高层管理中坚干部；最早接受福友指导的企业也已更加发展壮大，福友承诺：成功路上与您同行！

◆ **专业团队日益发展壮大！**
福友在企管业界的良好口碑，吸引着愈来愈多的两岸知名企管专家前来助阵。随着专业团队的日益发展壮大，近20位专聘顾问能够更好地为广大企业提供更多直接有效的服务！

　　我们是专家不是学者，本着务实的作风扮演"企业成功路上良师益友"角色，志在为国内的企业管理水平的提升贡献一份心力。

福友承诺：
好东西与好朋友分享，矢志成为您管理路上的好帮手！

厦门总公司	电话：0592-2397728（总机）	传真：0592-2396530 2395480	http://www.foryou.tw.cn　E-mail:xm@foryou.tw.cn
泉州公司	电话：0595-22160010（总机）	传真：0595-22160012	http://www.foryou.tw.cn　E-mail:qz@foryou.tw.cn
苏州公司	电话：0512-68294860（总机）	传真：0512-68294859	http://www.foryou.tw.cn　E-mail:sz@foryou.tw.cn
宁波公司	电话：0574-87856585（总机）	传真：0574-87856586	http://www.foryou.tw.cn　E-mail:nb@foryou.tw.cn
青岛公司	电话：0532-80990086（总机）	传真：0532-80990087	http://www.foryou.tw.cn　E-mail:qd@foryou.tw.cn

献给 站 着睡觉的人

福友企管VIP

■ 选择福友VIP的理由

1. 口碑最好：造福朋友是福友的一贯宗旨
2. 足迹最广泛：福友足迹遍布国内30多个省市，书籍更是远销东南亚、美国、台湾
3. 经营最稳健：福友从1994年成立至今已逾十六余年历史
4. 课程最多：每年在全国举办各类生产经营管理培训课程
5. 阵容最强大：近20位专职两岸专家汇集福友
6. 内容最实用："简单、直接、有效"是福友公司的一贯承诺
7. 服务项目最多：制造业经典用书、经典课程、训练营、系列内训、专案诊断、辅导享誉国内
8. 收费最公道：保证物超所值

■ VIP超值优惠表

项次	项目	VIP客户类别					备注
		福卡贵宾 80000元	A卡贵宾 42000元	B卡贵宾 35000元	C卡贵宾 28000元	D卡贵宾 15000元	
		有效期24个月					
1	参加福友公开课程	5.0折	5.5折	6.0折	6.5折	6.8折	此三项消费费用依不同卡别折扣后从会员费中扣除即可
2	购买福友企管书系／标语	5.0折	5.5折	6.0折	6.5折	6.8折	
3	参加福友各阶训练营(限学费)	6.5折	7.5折	8.0折	8.5折	9.0折	
4	企业内训	9折					此消费可从福卡中扣，其它卡另外付
5	企业辅导、企业诊断、常年顾问	9.5折					此项消费用另外给付
6 免费赠送项目	赠送福友企管书系（等额书籍可任选）	1000	500	500	300	300	完全免费
	赠送训练营名额1人次（各阶训练营可任选）(限学费)	√	不享受	不享受	不享受	不享受	
	高级顾问师免费到企业诊断一天，诊断完毕后将提供书面诊断报告给企业（价值6000元以上）	√	√	不享受	不享受	不享受	
	免费参加福友举办年度总经理论坛（各区举办）	√	√	√	√	√	
	赠送《福友顾问》期刊	√	√	√	√	√	
	训练营训后咨询及改善交流会	√	√	√	√	√	

企管VIP

献给 站 着睡觉的人

企管研习会

■ **定点定期：**

※深圳、广州、厦门、泉州、福州、杭州、宁波、台州、苏州、无锡、常州、青岛、烟台等城市(其他城市视需求开办)。

※每月全国举办次数不低于8场，VIP会员可自由选择上课地点。

■ **名师汇聚：**

※两岸众多知名的企管专业讲师。

■ **讲座课题：**

项目	序号	课程	名称	项目	序号	课程	名称
经营管理	01	企业策略规划的展开与整合	12H	品质管理	01	如何做好现场品质管理	12H
	02	中层主管技能与执行力提升训练	12H		02	QC手法运用	12H
	03	企业运作与管理整合	12H		03	统计制程管制SPC教育训练	12H
	04	中国式管理	12H		04	TQM全面品质管理	12H
	05	中层主管管理提升训练	12H		05	数据与图表的建立与应用	12H
	06	一个领导者的角色认知与管理思维	12H		06	FMEA失效模式与效果分析	12H
人力资源管理	01	如何选人、用人、育人、留人	12H		07	QCC品管圈推动实务	12H
	02	选才与面谈技巧	12H		08	TS16949训练	12H
	03	人力资源主管精修班	12H	采购与物料管理	01	采购管理实务	12H
	04	卓越的团队管理技巧	12H		02	采购成本分析与降低策略	12H
	05	企业内部讲师培训(TTT)	12H		03	采购与供应商的双赢策略	12H
	06	薪酬设计与绩效考核	12H		04	高效的制造业物料与仓储管理	12H
	07	目标管理与绩效考核	12H		05	供应商的评估与采购管理	12H
	08	非人力资源部门的人力资源管理	12H	销售管理	01	如何成为杰出业务主管	12H
生产管理	01	现场管理实务	12H		02	门市、卖场销售技巧	12H
	02	如何成为出色的生产主管	12H		03	市场开发与销售技巧	12H
	03	生产计划与交期管理	12H		04	有效的客户关系管理	12H
	04	5S精益现场管理	12H		05	客诉的应对与有效处理	12H
	05	生产绩效管理	12H		06	销售通路、经销商管理	12H
	06	杰出班组长训练	12H		07	开发潜在客户的技巧	12H
	07	如何降低生产成本	12H		08	销售战术激发与活用	12H
	08	现场一线主管技能训练	12H		09	业务谈判策略与说服顾客之技巧	12H
	09	标准工时制定与工作改善	12H	财务管理	01	经营计划与预算管理	12H
	10	JIT精益生产管理实务	12H		02	内部稽核与内部控制	12H
	11	科学二大工具—IE手法提升效率	12H	其他	01	商务礼仪	12H
	12	TPM全面设备管理	12H		02	高效沟通与团队共赢	12H
	13	如何从技术走向管理之路	12H		03	如何发现、分析、解决问题	12H
					04	时间管理	12H
					05	研发管理研习会	12H

※ 每期课程简章备索

献给 站 着睡觉的人

企业内训

☺ 为什么沟通不良?
　　因为没有培训,缺乏共识。
☺ 为什么绩效不彰?
　　因为没有培训,方法不好。

　　一将难求,所有企业都同意"找人才比找客户还要难",成功的企业也同意"找人才不如自己造人才"。尊敬的总经理,请把培养人才的任务交给"福友",让我们帮您出色完成。

项目	序号	课程名称	课时	项目	序号	课程名称	课时
领导统御	01	卓越的团队领导技巧	7H	生产管理	01	生产计划与交期管理	14H
	02	中层主管技能与执行力提升训练	14H		02	问题意识与工作改善	14H
	03	中基层管理干部管理技能强化训练	14H		03	PAC 生产绩效分析与改善	14H
	04	一个领导者的角色认知与管理思维	7-14H		04	如何做好生产绩效管理	14H
	05	企业标准化的建立与推行	7-14H		05	现场管理实务	14H
	06	杰出班组长特训	14H		06	生产问题分析与对策	14H
	07	MTP 管理训练课程	14-42H		07	现场一线主管技能训练	14H
	08	TWI 基层干部管理训练	14-42H		08	如何成为出色的生产主管	14H
	09	如何做一名成功主管	14H		09	如何降低生产成本	14H
	10	沟通技巧与激励技术	14H		10	降低成本与工作改善	14H
	11	项目管理基础与实践	14H		11	IE 与现场改善	14H
	12	时间管理	14H		12	如何运用 IE 手法提高效率	7-14H
	13	沟通技巧与团队建设	14H		13	标准工时制定与工作改善	7-14H
	14	问题分析与解决技巧	14H		14	精益生产(JIT)	14H
人力资源管理	01	如何选人、用人、育人、留人	14H		15	NPS 革新生产方式训练	14H
	02	如何制定薪资与考核制度	14H		16	TPM(全面设备保全管理)	14H
	03	选才与面谈技巧	14H		17	价值工程分析(VA/VE)	14H
	04	如何进行绩效考核评估	14H	物料管理	01	物料管理的问题与对策	14H
	05	平衡计分卡与绩效展开	14H		02	物料控制与仓储管理	14H
	06	目标管理与绩效考核	14H		03	有效的供应商管理	14H
	07	企业内部讲师培训	14H		04	物料与采购管理作业电脑化(MRP)	14H
	08	直接主管的人力资源管理	14H		05	MRP 导向的物料管理实务	14H
行销财务	01	销售主管精修班	14H		06	采购管理实务	14H
	02	销售通路、经销商管理	14H		07	采购谈判技巧	14H
	03	市场开发与销售技巧	14H		08	采购管理与供应商评估	7-14H
	04	有效的客户关系管理	14H		01	如何推行 5S 活动	7H
	05	客户投诉的有效处理	14H	品质管理	02	数据与图表的建立与运用	7H
	06	业务谈判策略与说服顾客之技巧	14H		03	如何做好现场品质管理	14H
	07	经营计划与预算管理	14H		04	现场主管如何做好制程质量管理	14H
	08	成本管理与预算控制	14H		05	如何运用 QC 手法提升品质	7H
	09	内部稽核与内部控制	14H		06	如何推行 QCC 活动	14H
	10	非财务主管的财务管理	14H		07	SPC 统计制程管制	14-42H
其他	01	职场礼仪	7-14H		08	FMEA 失效模式与效应分析	14H
	02	福友企管各阶主管训练营			09	全面品质管理(TQM)	14H
					10	研发品质管理	7-14H
					11	6 个标准差(6σ)	14H

献给 站 着睡觉的人

企业辅导

1. **足迹遍布**
   成功辅导过的企业东北至哈尔滨，西北至乌鲁木齐，足迹遍布中国大陆。
2. **团队专精**
   - 所有企业辅导顾问师均为福友专职顾问师，均具有生产型企业十至三十年的中高阶实务管理经验；
   - 经过福友十四年的优化过程，福友的顾问老师已大部分是各专业领域一流的专家；
   - 最强大的辅导团队，采用团队专案小组辅导，为企业提供最佳解决方案。

■ **辅导项目：**
① 经营管理系统
- 组织绩效诊断与提升：8个月
- 企业经营管理分析与整合：8个月
- 业务流程改进（BPI）：8个月
- 目标管理（MBO）：6个月
- SCM供应链管理系统：8个月
- 市场营销系统规划与训练：4个月

② 组织人事系统
- 组织规划设计：4个月
- 薪资与绩效考核体系：4个月
- 企业教育训练规划：3个月
- 组织人事系统：6个月

③ 生产管理系统
- 5S活动专案：4个月
- 生产管理系统：6个月
- IE工作改善：6个月
- TPM(全面设备保全管理)：4个月
- 生产绩效管理：6个月
- (丰田生产方式)TPS：6~12个月
- 精益生产方式（JIT）：6~12个月

④ 物料管理系统
- 仓储管理系统：4个月
- 物料管理系统：6个月
- 供应商管理系统：4个月
- 物料需求规划MRP导入：6个月

⑤ 品质管理系统
- 品质检验制度设计与运用：4个月
- QC手法运用：4个月
- FMEA失效模式与效应分析：6个月
- SPC统计技术运用：6个月
- 如何推行QCC活动：4个月
- 品质管理系统：8个月

⑥ 研发管理系统
- 研发管理系统（研发管理工具运用）：6个月

■ **企业辅导流程：**

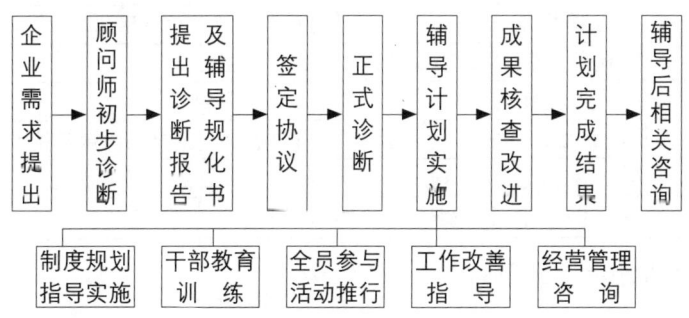

企业辅导

5

中阶主管系统训练营

■ 制造业中阶主管系统管理训练营（虎啸营）

全方位打造企业大将

- 21 世纪，"中国制造"无疑将影响整个世界！
- 21 世纪，中国制造业必将面临惨烈的竞争，优存劣汰！
- 21 世纪，中国制造业最缺的是什么？优秀的中阶主管！

缺工日益严重，成本节节升高，这是每家企业必须面临的考验。企业生存与发展之道，唯有提升管理，应用科学管理工具来降低成本、提升品级，确保企业的健康发展。

中阶主管（厂长、经理）在企业中扮演著承上启下的角色，中阶主管的管理素质标志著企业执行力的高低。

尊敬的总经理，"找人才不如自己造人才"，请把培养企业大将的任务交给"福友"，让我们帮您出色的完成，为企业打天下！

■ 课程单元

单元	课程	单元	课程
1	中层主管的人力资源管理	9	5S 与目视化管理
2	目标管理	10	生产计划与交期管理
3	日常管理标准化	11	IE 手法的运用
4	工厂检验制度设计及运用	12	精益生产
5	QC 手法及其运用实务	13	研发管理
6	SPC 在生产中的实际运用	14	高效沟通技巧与激励技术
7	物料控制与仓储管理	15	观摩企业 + 主题讨论
8	高效采购及供应管理	16	合计：15 单元

※ 服务电话：0592-2299953

福友企业管理顾问有限公司
FORYOU CONSULTANT CO.,LTD.

献给 着睡觉的人

基层主管系统训练营

■ **制造业基层主管系统管理训练营（小虎营）**

中国制造业面临日益严重的缺工缺干，相当多的企业困境已现，企业要脱困，势必要"**下定决心**"进行管理变革！

商机要争取时间，管理变革当然也要走在竞争者前面，路途远，时间长，很忙……只要您"**下定决心**"，福友可以早一点帮您脱离困境。

本训练的使命：

◆ 为中小型企业强化现任基层主管的管理基础
◆ 为中大型企业储备准备基层主管的人才

■ **课程单元**

单元	课　　程	课时
1	管理的基础	3.5H
2	管理者的角色认知	3.5H
3	生产管理的问题与对策	7H
4	如何对部属进行工作教导	7H
5	现场品质管理的问题与对策	7H
6	如何推行5S	7H
7	沟通技巧与激励技术	7H

※ 服务电话：0592-2299953

献给 站 着睡觉的人

IE专修班

■ **全面打造卓越的IE工程师**

工业工程(Industrial Engineer)简称IE,是专门为**提高生产效率和经济效益**,把技术与管理有机结合起来的学科。工业工程(IE)在工业发达国家、地区(如美国、德国、日本、台湾等)已有几十年的历史,并得到普遍的应用。是制造业公认**省人化、省时化、最有效**的科学管理工具。

当前大陆劳动力**日益短缺,劳动成本节节攀升**,急需将以往"**人海战术**"的**赶量**文化,转型为**精简**劳动力的**效率**文化,IE工业工程的导入及IE人才的培养,对国内的企业来说管理的转型、升级,无疑是最为迫切的事。

福友企管秉持企业的宗旨—造福朋友,除了已发行两本IE的专著(《IE的运用》、《标准工时制定与工作改善》),为了协助解决国内企业IE人才的稀缺,筹备近两年的《IE专修班》,于2008年7月正式开办,全程6日,**目的就是为国内的企业打造优秀的IE专业人才,并为建立IE部门打下基础**。

■ **课程内容**

单元	课　　程	课时
1	IE概论与标准工时制定	7H
2	标准工时制定	7H
3	IE－7大手法(上)	7H
4	IE－7大手法(下)	7H
5	PAC 生产绩效分析管理	7H
6	企业观摩与诊断	7H

※ 服务电话:0592-2395581

FORYOU CONSULTANT CO.,LTD.

献给站着睡觉的人

福友现代实用企管书系

⑤ TPM 实战手册
史长银 编著

本书从彻底消除浪费的目标入手，重点介绍了现场 24 大浪费现象的分类、构成、危害和解决办法，对现场浪费进行了最全面的分析并提供了对策。只有全面认识了 TPM 活动，才能根据自己企业的不同特点进行选择和改进。

定价：￥45 元

第一篇	TPM 基础知识
第二篇	建立 TPM 活动三大体系
第三篇	成立六大专业组
第四篇	自主保全支柱
第五篇	专业保全支柱
第六篇	个别改善支柱
第七篇	初期管理支柱
第八篇	品质保全支柱
第九篇	人才培养支柱
第十篇	事务改善支柱
第十一篇	安全环境保全支柱
第十二篇	从上到下的三级评价体系

㊿ 制造业生产成本削减实战
祖林 怀海涛 著

本书深入浅出地阐述了如何降低直接材料成本、辅助材料成本、能源成本、修缮成本、人工成本和质量成本等。从实际出发，就事论事，把问题说清楚，将方法讲到位，所选的案例，均来自生产一线，真正做到了拿来就可以用，用了就有效，可操作性非常强。

定价：￥56 元

第一篇	成本控制概论
第二篇	价值工程基础
第三篇	降低成本活动的开展
第四篇	降低直接材料成本
第五篇	降低辅助材料成本
第六篇	降低能源成本
第七篇	降低修缮成本
第八篇	降低人工成本
第九篇	质量成本控制
第十篇	支持系统成本削减

㊾ IE 与单元生产
孙亚彬 著

精益生产的理念是消灭浪费，可是只有理念是不够的，具体如何实现呢？本书提供了 IE、单元生产这两个工具，帮助企业缩短生产周期、提高品质、降低成本，从根本上解决紧急订单、计划变更、交货延迟等问题，提升核心竞争力。

定价：￥58 元

第一篇	精益生产概述
第二篇	生产绩效原理
第三篇	精益生产三原理
第四篇	标准工时
第五篇	动作研究
第六篇	生产布局与搬运分析
第七篇	快速切换
第八篇	产能平衡
第九篇	单元生产原理
第十篇	如何设计单元生产线
第十一篇	现场改善实施
第十二篇	培养多能工，实现少人化
第十三篇	单元生产运作方法要点

㊽ 生产效率的改善实务
陈进华 著

"工欲善其事，必先利其器"。本书以"效率"为中心，并以实际案例来阐述各种效率提升技法的操作步骤，帮助现场管理人员和制造工程师系统掌握现场效率分析与改善工具，全面提升生产效率！

定价：￥52 元

第一篇	企业获利方式剖析
第二篇	生产效率计算方法及影响因素分析
第三篇	生产效率改善基础
第四篇	标准工时制定
第五篇	如何通过 Layout 提高生产效率
第六篇	如何通过生产线平衡提高生产效率
第七篇	如何通过人机配合改善提高生产效率
第八篇	如何通过动作改善提高生产效率
第九篇	如何通过设备管理提高生产效率
第十篇	如何通过切换改善提高生产效率
第十一篇	如何实现持续改善

献给 站 着睡觉的人

㊼ 班组现场精细化管理
祖林　陈汉波　著

本书结合国内制造业现场改善面临的问题及需求，全面梳理并剖析了精益现场改善的方法、工具及技巧，为班组管理人员提供了许多"拿来即用"的改善方法、工具和技巧，操作性强。

定价：￥52元

第一篇	精益现场管理概论
第二篇	现场5S改善
第三篇	现场环境改善
第四篇	现场质量改善
第五篇	生产效率改善
第六篇	现场安全改善
第七篇	降低成本改善

㊻ 不会说话别当头
祖林　著

会说话，一靠技巧，二靠个人魅力，两者都是可以通过训练获得的。本书具体地讲了提高说话水平、改善沟通能力的具体方法和实用技巧，带领大家学习"会对话"的方式，领略"会说话"的无价效益。

定价：￥45元

第一篇	要当头，先会听
第二篇	会说话，好当头
第三篇	"煽"动下属
第四篇	"说"动同级
第五篇	"请"动上级

㊺ 班组管理：从优秀到卓越
祖林　怀海涛　编著

本书由基础管理和管理技巧两大部分组成，系统阐述了班组管理的体系全貌和业务推进要点，提出了班组长应该具备的能力、素质以及班组管理中应该掌握的管理技能。

定价：￥55元

第一篇	班组长的职责定位
第二篇	班组一日管理
第三篇	高效率的班前会与员工教育
第四篇	班组人员管理
第五篇	班组业绩管理
第六篇	卓越班组建设
第七篇	有效的班组沟通
第八篇	班组人际关系
第九篇	职业化工作方法
第十篇	教导下属与有效激励

㊹ 职场沟通零缺陷
张晓彤　著

本书选取职场中常见的沟通问题，以各种情境故事，有针对性地讲解了沟通中的实战技巧和方法，让你有效揣摩，教你轻松成为沟通达人。

定价：￥45元

第一篇	"面霸"是这样练成的
第二篇	同事之间的的关系建立
第三篇	向上沟通的技巧
第四篇	机会要欲擒故纵
第五篇	薪酬何时不心悬
第六篇	通过打造所向披靡的团队
第七篇	向下沟通的艺术
第八篇	管理者之间的沟通
第九篇	漫谈沟通误区

福友现代实用企管书系

献给 站 着睡觉的人

㊸ 企业财务管理实务
简泽民（台湾） 编著

随着未来产业环境的急剧变化，企业的经营分析对信息的需求日益迫切，这种需求的满足主要依赖于财会信息。由此可见，掌握必要的财会知识，熟悉财会分析的基本方法是必不可少的。

定价：￥48元

第一篇 财会知识概论
第二篇 会计财务的处理
第三篇 成本的概念
第四篇 成本的计算
第五篇 成本的核算
第六篇 损益计算
第七篇 财会报表—经营结果的体现
第八篇 成本分析与管控改善

㊷ 现场制程品质管制实务
傅武雄（台湾） 编著

为使企业持续成长，势必以"产品价值"的升级作为突破口。其中主要的影响要素还是在管理，其中制程品质管理又是品质管理的核心。本书直接从工艺面切入，以浅显易懂的品管方法为手段，加上有效的改善技巧，全面介绍现场制程品质管制与改善策略，易懂、易学、易操作。

定价：￥52元

第一篇 品质管理总论
第二篇 现场质量不良的原因分析与防治策略
第三篇 制程品质改善的基础
第四篇 制程改善的有效技巧
第五篇 现场品管小组活动的运用

㊶ 如何推动目标管理
黄宪仁（台湾） 编著

目标管理的最大好处是，它使管理者能够控制他们自己的成绩。这种自我控制可以成为更强烈的动力，推动他尽最大的力量把工作做好。本书是目标管理的实用工具手册，全面帮助企业目标管理走向规范化轨道。

定价：￥48元

第一篇 目标管理的理论与概述
第二篇 目标管理制度的规划与推动
第三篇 目标体系图
第四篇 目标的设定
第五篇 目标卡
第六篇 目标的沟通
第七篇 目标的执行
第八篇 目标管理的追踪
第九篇 目标的修正
第十篇 目标管理的绩效评估
第十一篇 目标管理的绩效奖罚

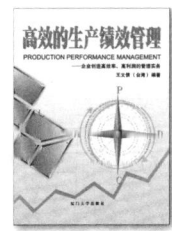

㊵ 高效的生产绩效管理
王文信（台湾） 编著

在多批小量、短交期、高成本的竞争压力下，如何充分地运用资源，实现生产系统的量佳整体效益是企业当前最关键的课题。本书以企业如何进行生产绩效管理为主线，介绍生产绩效管理的概念、流程，剖析制造业提高生产绩效的实务方法，帮助读者全面掌握生产绩效管理的理念和实施工具。

定价：￥60元

第一篇 生产绩效管理的概述
第二篇 生产绩效管理制度的规划与推动
第三篇 生产绩效指标的制定方法
第四篇 生产绩效的衡量方法
第五篇 生产绩效的改善方法
第六篇 生产绩效项目管理的方法
第七篇 生产资源效益化管理
第八篇 生产目标效能化管理
第九篇 生产绩效管理实例分析
第十篇 生产绩效管理的发展

献给 站 着睡觉的人

㊴ 企业 ERP 成功之道
简泽民（台湾） 编著

历经数轮管理革新浪潮的冲刷，ERP 已经成为企业的商业管理利器。本书是简泽民先生十几年来经验的总结，从管理者的角度，依对 ERP 系统的管理认知，以精简的理论与实务案例让企业对 ERP 形成一个正确的认识，提升自身的市场竞争力。

定价：￥58 元

第一篇	企业 E 化的必要性
第二篇	ERP 系统的发展历程
第三篇	ERP 的定义与特征
第四篇	E 化失败的主要原因
第五篇	E 化成功的要件
第六篇	E 化的前提——合理化管理
第七篇	ERP 系统的框架
第八篇	企业 E 化的步骤
第九篇	E 化的专案管理
第十篇	E 化的基础——系统规划
第十一篇	ERP 系统的选用评估
第十二篇	ERP 系统的上线执行
第十三篇	ERP 系统的成本与效益
附录	ERP 系统操作实例

㊳ 员工应有的观念与态度
梁靓 编著

在这个充满竞争的社会，怎样成为老板需要的员工呢？全书不仅从管理者的角度，同时也站在员工的立场，结合发生在员工身边的案例，逐层分析，提供合理化建议，一定能让你摆脱消极怠慢的工作态度，成为老板需要的员工。

定价：￥45 元

第一篇	责任感——员工最基本的职业素养
第二篇	弄虚作假——职场发展的绊脚石
第三篇	忠诚——职场进阶的基石
第四篇	职业道德——职场突破的秘诀
第五篇	团队协作——职场成功的助力
第六篇	让你出类拔萃的工作准则
第七篇	创造财富与成功的八大心态
结语	行动更重要

㊲ 新产品研发与销售
黄宪仁（台湾） 编著

对企业来说，新产品上市既代表着新的利润增长点，也存在着一定的风险。如何利用好这把双刃剑呢？本书从管理者的角度，对每个环节中所涉及到的问题进行了全面而详细的阐述，并提出相应的对策。全书条理清晰，深入浅出，定能帮助企业做好新产品研发与销售的工作，提升新产品的竞争能力。

定价：￥48 元

第一篇	新产品的成功与失败
第二篇	新产品战略模式
第三篇	新产品的开发组织
第四篇	新产品构思的产生
第五篇	新产品构思的筛选
第六篇	新产品开发的速度
第七篇	新产品开发的预算
第八篇	新产品的销售预测
第九篇	新产品的设计
第十篇	新产品的试制
第十一篇	新产品试销
第十二篇	新产品的上市时机
第十三篇	新产品的行销上市
第十四篇	新产品的上市计划

㊱ QC 手法运用实务
周冰 编著

QC 七大手法是制造型企业应用最广泛的利器。本书周冰先生十余年的经验及对品管工作的体悟，全书以案例诠释的方式讲解 QC 七大手法的基本概念、运用时机及 QC 手法的综合运用 QCC 活动等，逻辑清晰、语言通俗，案例丰富且贴合企业，为一本不可多得的 QC 七大手法实用书籍。

定价：￥40 元

第一篇	品质管制入门
第二篇	QC 手法概论
第三篇	查检表——QC 的基本功
第四篇	柏拉图——把握重点的利器
第五篇	拨开迷雾见本质——层别法
第六篇	寻找因的捷径——特性要因图
第七篇	查看数据分布的工具——散布图
第八篇	品质稳定性的分析工具——直方图
第九篇	及时发现问题的工具——管制图
第十篇	QC 手法的综合运用——QCC 活动
第十一篇	QCC 活动案例

福友现代实用企管书系

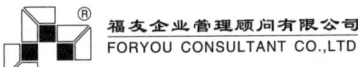

献给站着睡觉的人

㉟采购与供应管理

王忠宗（台湾） 编著

定价：¥68 元

王忠宗教授是亚洲采购界公认的权威专家。本书即是凝练王教授多年来采购实战经验的心血之作。

全书用理论为架构，以实务案例为主体，全方位介绍如何将采购理论转化成有用的采购技能，使采购人员在整个采购流程中能以最有效率的方式完成任务，定能提升采购人员的专业知识水平和工作执行能力！

第一篇 采购的定义及方式
第二篇 采购手册的编制
第三篇 采购手册的适用范围
第四篇 采购政策
第五篇 采购制度
第六篇 采购授权
第七篇 作业流程
第八篇 采购表单
第九篇 采购部门的归属
第十篇 采购部门的建立
……
第二十六篇 供应商管理
第二十七篇 采购与各部门的协调
第二十八篇 采购稽核

㉞5S 推行问题与对策

曾跃频 编著

定价：¥60 元

5S 容易做，却不易彻底或持久。本书即针对企业的这些“疑难杂症”，对症下药，从行动的5S、标准化的5S、预防的5S 三个阶段层层深入，教导企业如何让5S 实现由“形式化→行事化→习惯化”的转变，还详细阐述了在转变过程中可能存在的问题和解决对策。

第一篇 行动的5S
——让企业面貌焕然一新
第二篇 标准化的5S
——塑造企业整体的职业素养
第三篇 预防的5S
——赋予企业旺盛的生命力
第四篇 5S 管理的延伸与整合

㉝企业经营分析手册

简泽民（台湾） 编著

定价：¥100 元

“经营分析”对于企业来说，是一项必要的分析资料与正确的管理工具。企业要想降低成本、提高利润，就需要不时地对全盘经营管理绩效加以分析，发觉异常寻求改善，以使各项管理步入正轨。

本书融汇作者在大陆辅导的经验，贴近实际，尤其适用于纺织及服装加工企业，可作为大陆企业经营分析改善的实用工具书。

第一篇 经营分析概述
第二篇 经营分析的基础
第三篇 利润分析
第四篇 成本分析与改善
第五篇 财务分析
第六篇 投资规划分析
第七篇 经营管理评核分析
附录A 经营分析改善实例
附录B 日常经营绩效检讨报告实例

㉜采购管理

王文信（台湾） 编著

定价：¥58 元

采购在企业活动中一直扮演着重要角色，如何运用管理的手段与技巧提升采购作业的效率与效果，降低企业成本、保持甚至提升竞争力，是企业重要课题之。

本书结合众多大陆企业采购管理实例，介绍采购组织与采购制度的建立，采购计划、谈判与数量、价格管理的关系以及供应厂商的开发与管理等。为企业顺利完成采购工作助力，为培养出色采购人员加分！

第一篇 采购管理的概述
第二篇 采购组织的建立与管理
第三篇 采购制度的规划
第四篇 采购作业与管理方法
第五篇 采购计划与数量管理
第六篇 采购规范与品质管理
第七篇 供应厂商开发与管理
第八篇 采购谈判与价格管理
第九篇 采购跟催与交期管理
第十篇 采购绩效分析与改善
第十一篇 采购管理案例分析
第十二篇 采购策略与未来趋势

献给 站 着睡觉的人

㉛ QCC 品管圈实务

钟朝嵩（台湾）　编著

定价：￥40元

第一篇	品管圈活动的发展
第二篇	品管圈活动的概念
第三篇	品管圈活动的导入及运行
第四篇	品管圈活动的实施
第五篇	品管圈的基本统计方法
第六篇	历届国际品管圈成果发表会获奖案例分析与点评
第七篇	品管圈活动推行实例
附　录	质量管理小组活动管理办法

　　QCC品管圈活动是企业员工自主自发改善工作现场的活动，是提高"人的工作价值"最有效的方法。其导入台湾已有30余年，逐步走向成熟，已成为公认的提升现场品质和效率的有效活动。本书从品管活动的导入和运行入手，阐述实用的统计方法，结合成功推行实例，让企业轻松学会推行品管活动的方法，利用有限的资源，获取最大的收益！

㉚ 有效的选才与面谈技巧

郑瀛川（台湾）　编著

定价：￥45元

第一篇	甄选的基本概念
第二篇	甄选的基础工程
第三篇	如何使用甄选工具
第四篇	面谈技巧
第五篇	甄选决策与发展
第六篇	附录

　　近年来，不论企业经营环境如何变化，"选才"依然是人力资源最重要的任务。本书便是台湾绩效管理专家郑瀛川博士为人力资源工作者及人事主管而写。
　　本书深入浅出，将甄选的基础、甄选工具、面谈技巧全面展开，并深入探讨"甄选面谈"的成败关键及长期以来困扰人事主管的问题。帮助企业做好人才甄选的工作，大大提升组织的竞争力。

㉙ IE 的运用

福友IE研究会　编著

定价：￥58元

第一篇	认识IE
第二篇	IE的原点"标准工时"
第三篇	工件样品（WS）的运用
第四篇	工程分析的运用
第五篇	工厂布置（PL）的要领
第六篇	物料搬运（MH）的方法
第七篇	作业研究（OR）的运用
第八篇	成本计算
第九篇	提案改善活动
第十篇	运用价值工程（VA/VE）降低成本
第十一篇	驱动管理的两轮子QC与IE手法
第十二篇	IE的未来

　　IE是使生产力向上的工学。IE技法还同时具备了标准化及合理化的功能，推动得好，可降低成本、提高效率、缩短交期。本书简介了古今中外IE理论精华，读者可以循序渐进地学习并掌握好IE技法的相关理论与实务，从而最终在实际工作中获益受益。

㉘ 中小企业经营之道

傅和彦（台湾）　编著

定价：￥40元

第一篇	中小企业的本质
第二篇	竞争激烈的企业外部环境
第三篇	危机四伏的内在经营困境
第四篇	知人用人的事管理
第五篇	管理制度的建立与实施
第六篇	增强财务会计与资金调度
第七篇	加强营销活动
第八篇	提高生产活动的效率
第九篇	有效利用经营管理顾问
第十篇	中小企业迈向大企业的途径
第十一篇	中小企业管理研究报告
第十二篇	两岸中小企业未来探讨文粹
附	录中华人民共和国中小企业促进法

　　在外有大企业压制，内有管理问题牵制的经营环境中，中小企业如何突破现状，大幅提升利润？中小企业如何稳定经营，成功迈向大企业？本书作者集30余年工商企业管理经验编写此书，站在中小企业的立场，阐述如何强化人事、财务和管理制度，加强营销活动，使企业永续经营。每一篇所附"重要提示"，更能让您快速、有效地阅读与学习，帮助中小企业不断迈向繁荣！

福友现代实用企管书系

献给 踮 着睡觉的人

㉗ TQM 全面品质管理

钟朝嵩（台湾） 编著

TQM强调全员协力合作，不只做好制品的品质，并且对全公司有关工作的品质、工程、业务、服务的品质都要有效地加以管理。本书从"TQM本质"、"TQM的部门别管理"、"TQM运营"及"TQM的实施要点"等方面逐层深入，以可操作性的图表和翔实的事例，让读者轻松掌握实施TQM的方法，帮助企业早日突破困境、提高经营绩效。

定价：￥36元

第 一 篇	TQM的概念
第 二 篇	TQM的本质
第 三 篇	TQM的部门别管理
第 四 篇	TQM运营
第 五 篇	TQM实施要点
第 六 篇	TQM专论
第 七 篇	附录

㉖ 仓储管理

王文信（台湾） 编著

本书继承了王文信先生一贯重在实务性、可操作性的风格：以大量的案例、图表介绍仓储管理的库房规划、进料验收、领料、存货、盘点、呆废料管理等全部内容，预测了仓储管理的未来发展趋势，易懂易学易操作；更难得是以专篇案例介绍仓储管理绩效管理、制度规划与设计，令仓储管理者可以表表操作，轻松规范管理，为生产、品质、安全、人力、成本管理加分。

定价：￥55元

第 一 篇	仓储管理概述
第 二 篇	仓储规划与库房管理
第 三 篇	验收管理
第 四 篇	领发退料管理
第 五 篇	存货管理
第 六 篇	盘点管理
第 七 篇	呆废料管理
第 八 篇	仓储管理制度规划与推动之实例分析
第 九 篇	仓储管理电脑化
第 十 篇	仓储绩效管理
第十一篇	仓储管理的发展趋势

㉕ 绩效评估兵法

郑瀛川（台湾） 编著

主管们如何做好绩效面谈？怎样使用正面与负面的会谈技巧，使上司与部属得到双赢？本书介绍了成功企业常用的"平衡计分卡"、"360°回馈"、"目标管理制度"等方法，深入介绍绩效评估的规划、执行与应用要领，辅以流程、图表及专篇范例说明，读者能轻松掌握绩效评估的操作技巧，充分发挥绩效管理效能。

定价：￥42元

第 一 篇	绩效评估与经营管理
第 二 篇	绩效评估与绩效管理
第 三 篇	企业常用的绩效评估方法
第 四 篇	绩效评估的规划与执行
第 五 篇	绩效评估的应用要领
第 六 篇	绩效评估的重要手段——绩效面谈
第 七 篇	绩效评估的运用范例

㉔ 生产计划与管制

傅和彦（台湾） 编著

本书是一本理论与实务兼顾、实用且富有启发性、可操作性的工厂实务指导用书，尤其是"企业所面临的问题"、"经营计划"、"年度计划"、"计划评核术"、"迈向合理化的事务改善"、"工厂品质管制"等章节都是同类书籍中所未有，是一本非常适合企业从事训练员工及生产计划与管制工作者们的重要参考用书。

定价：￥55元

第 一 篇	生产与生产管理
第 二 篇	生产组织
第 三 篇	经营计划
第 四 篇	预测
第 五 篇	年度计划
第 六 篇	生产计划
……	
第十四篇	计划评核术
第十五篇	迈向合理化的事务改善
第十六篇	存量管制
第十七篇	价值分析
第十八篇	产品研发
第十九篇	各种生产管理方式的比较

福友现代实用企管书系

献给 站着睡觉的人

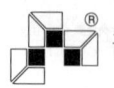

福友企业管理顾问有限公司
FORYOU CONSULTANT CO.,LTD.

㉓ **实用品质管理**

钟朝嵩（台湾） 编著

"企业的竞争力在于品质的竞争力"，这一理念越来越为广大制造业管理者所认同，如何做好品质管理却是企业人尤其是中基层管理干部的难题，本书以数理统计为基础，以统计方法为核心，辅助以大量实用技巧，令读者能够学以致用，对品质管理运用自如，得心应手。

定价：￥35元

第 一 篇	概论
第 二 篇	统计的技术
第 三 篇	QC 七大手法
第 四 篇	管制图的种类及应用方法
第 五 篇	抽样检验
第 六 篇	新QC 七大手法
第 七 篇	品质管理实施办法

㉒ **现代物料管理**

傅和彦（台湾） 编著

物料成本往往占制造业总成本的50%以上，其重要性不言而喻。福友特邀有着30余年工商企业管理经验的傅和彦先生整理修订所累积的经验知识，并融合现代物料管理的技法，编写成《现代物料管理》，内容涵盖物料管理各个层面，更重点介绍如何进行物料管理绩效评核，读者也可结合《制造业物料管理》仔细阅读，定能有助于降低物资成本、使生产作业流程顺畅。

定价：￥52元

第 一 篇	导论
第 二 篇	物料分类与编号
第 三 篇	物料计划
第 四 篇	物料数量管制
第 五 篇	存量需求系统
第 六 篇	物料采购
第 七 篇	物料验收
第 八 篇	物料管理
第 十三 篇	物料管理绩效评核
第 十四 篇	物料管理电脑化
第 十五 篇	物料管理的发展趋势

㉑ **品质管制大全**

钟朝嵩（台湾） 编著

世界需要中国制造，中国制造需要中国品质！

本书为钟朝嵩教授毕生实战经验整理而成的呕心沥血之作，自1974年台湾初版以来，历经多次改版、增修订，迄今为止已加印38刷，常年畅销于台湾、新加坡、泰国、菲律宾、马来西亚等地，发行销量逾40万册，堪称东南亚地区之"品质管理宝典"。

定价：￥80元

第 一 篇	基本统计方法
第 二 篇	管制图
第 三 篇	抽样检验
第 四 篇	品管实施方法

⑳ **工厂管理**

傅和彦（台湾） 编著

工厂即产品制造场所，工厂管理即将各种有效资源导入制造场所，凭借计划、组织、人事、指导控制等活动，达成生产目标的管理工作。作者傅和彦先生有着30余年工厂管理经验，本书定位广大制造业工厂管理干部，以理论与实务结合论述，可操作性极强。

定价：￥46元

第 一 篇	导论
第 二 篇	组织
第 三 篇	基础知识
第 四 篇	物料管理
第 五 篇	研究与发展
第 六 篇	产品设计
第 七 篇	工程管理
第 八 篇	生产管理
第 九 篇	资料搜集、整理与分析
第 十 篇	成本分析与控制
第 十一 篇	品质管制
第 十二 篇	人事管理
第 十三 篇	工业安全
第 十四 篇	工业关系
第 十五 篇	工厂管理概论
第 十六 篇	

福友现代实用企管书系

献给站着睡觉的人

⑲ 高阶主管经营训练

黎守明（台湾）　编著

国内企业高阶管理者忙忙碌碌，常常大大小小工作一把抓，疲于奔命却绩效不彰。本书即为企业高阶管理者或有志于此的管理者所编，揭示了高阶主管人员必备的Know-how、工作重点及任务所在，以及如何树立及发挥好高阶管理人员的领导魅力等。

定价：￥39元

第一篇	经营者
第二篇	目标篇
第三篇	策略篇
第四篇	自我革新篇
第五篇	影响力篇
第六篇	自我查检篇

⑱ 中阶主管管理训练

黎守明（台湾）　编著

"训练最大的目的在于行动，不在知识。"这就意味着教训训练的实施者必须具备丰富的实务经验，其所持有的教材也应为其常年从事实务管理工作案例的系统累积，如此才能现身说法，授予前来接受培训的企业人所真正想要的实务操作指南。有着丰富实战经验的黎守明先生所编写的本书，可谓设想企业人所想、施教企业人所欲，定能让中阶管理者在实际管理工作中亲身体验到管理发挥的价值，从而对管理工作产生自信，达到训练自我的目的。

定价：￥39元

第一篇	New Management Way
第二篇	完成年度工作计划
第三篇	执行您的计划
第四篇	管制部门的执行活动
第五篇	修正您的计划、标准
第六篇	部门的自我超越
第七篇	经营您自己

⑰ 国际行销

吴景胜（台湾）　编著

全球经济国际化的趋势下，"国际行销"的实战技巧也日趋为企业管理者所重视。台湾知名国际行销领域研习与实战专家吴景胜老师为大陆广大读者奉上此本案例丰富、适用本土企业、且国际观念角度齐备的《国际行销》，本书的四项特色令其具备了极优的可读性、实战性及操作性。

定价：￥68元

第一篇	导论
第二篇	国际行销策略
第三篇	多国企业与国际行销
第四篇	各国市场与国际行销

⑯ 供应厂商管理

傅和彦（台湾）　编著

朝着世界工厂迈进的中国，制造业工厂正处在一个生产量迅速扩张的时期，技术日益精进、制品益形复杂，所需的物料、零件若要在本厂内生产，将产生诸多困扰，因而势必需借重干供应厂商的力量。如何有效利用供应厂商生产出品质更佳、成本更低、交期更准的制品，直接影响到企业的经营绩效，更影响到企业在激烈残酷的市场竞争中的地位。

定价：￥45元

第一篇	外包与供应厂商
第二篇	供应厂商的功能与外包方针
第三篇	厂内自制与外包判定
第四篇	外包计划
第五篇	供应厂商的选择
第六篇	发包工作管理
第七篇	外包行为的品质要求
第八篇	外包价格的协商
第九篇	外包验收管理
第十篇	供应厂商的考核
第十一篇	供应厂商的辅导与扶持

福友企业管理顾问有限公司
FORYOU CONSULTANT CO., LTD.

⑮ 经营计划与预算管理

王忠宗（台湾）　编著

定价：￥45元

透过预算产生出许多宝贵的数据资料是企业管理者可以用于提升企业经营绩效的重要参考依据。也即预算的真谛在于对影响企业盈亏的重要收支项目做好事前规划，以利于事后控制，而不是对会计科目的帐务处理及资产负债表或损益表之编制。

第一篇	年度经营计划的重要性
第二篇	目标→工作计划→预算
第三篇	预算作业流程与管理
第四篇	预算编制准则与科目说明
第五篇	预算审查、检讨与评估
第六篇	销货收入预算的规划与控制
第七篇	人事费用的规划与控制
第八篇	采购预算的规划与控制
第九篇	研发费用的规划与控制
第十篇	资本支出预算的规划与控制
第十一篇	管理及财务费用的规划与控制
第十二篇	结语
第十三篇	

⑭ 经营分析与企业诊断

刘平文（台湾）　编著

定价：￥120元

现代管理者需要面对企业之环境面、策略面、组织面、意识面、行为面与方法面等不同层面之决策事宜，因而常常需要对自己的企业经营管理之现况进行诊断，提升企业经营管理之系统观。作者刘平文先生多年来一直从事于经营管理、企业辅导服务等实务工作，累积了极其丰富、深厚的实务经验，本书探讨范围与层面涉及甚广，定能帮助管理者对企业有更好的认知与掌握。

第一篇	观念篇
第二篇	分析篇
第三篇	诊断篇
第四篇	整合篇

⑬ SPC 统计制程管制

官生平（台湾）　编著

定价：￥160元

"品质管理能力"是企业管理动力中的核心部分！也即成为提升大陆企业竞争力的重要课题。

"SPC¡"统计制程管制"是品管工作中重要的一项。本书为有着20余年推广应用经验的"SPC"权威、台湾品管协会理事官升平老师的呕心沥血之作，更是极具专业学习参考价值及实务指导意义的好书！

第一篇	统计制程管制SPC导入
第二篇	变异的本质
第三篇	基本统计
第四篇	管制图的原理
第五篇	计量值管制图
第六篇	计数值管制图
第七篇	量测系统分析
第八篇	制程能力研究
第九篇	6σ改善活动
第十篇	简易DOE
附录	

⑫ 标准工时制定与工作改善

傅武雄（台湾）　编著

定价：￥58元

作者傅武雄先生从事"工作研究与IE改善"的工厂管理及顾问辅导工作达32年之久，本书是专为工厂主管与工艺工程人员撰写的，直接从工艺面切入，以车间工作方法改善手段为例，阐析了标准工时测定与工作改善的多种实务方法。

第一篇	标准工时概论与应用
第二篇	运用马表测时法订定标准工时
第三篇	预定动作时间标准法的运用
第四篇	运用综合数据法订定标准工时
第五篇	运用工作抽查法订定标准工时
第六篇	标准工时在管理上的应用关键
第七篇	工作改善的方向与科学化理念
第八篇	运用程序分析与搬运分析进行有效改善
第九篇	作业域内的改善技巧
第十篇	运用工作抽样法进行工作改善

⑪ 生产计划管理实务

王文信（台湾）　编著

定价：￥75元

本书以制造业的生产管理活动为叙述重点，从生产管理层面入手，剖析制造业提高生产绩效的实务方法，有系统地介绍生产计划与管理实务，无论是对传统式做法的精华还是对最新生产管理的技法，都有深入浅出的探讨。

第一篇	产业剖析与手法导入
第二篇	实务方法与管理运作
第三篇	制度设计与诊断评估
第四篇	生产策略与未来发展

福友现代实用企管书系

福友企业管理顾问有限公司
FORYOU CONSULTANT CO.,LTD.

献给 站 着睡觉的人

⑩ 制造业物料管理实务

傅武雄（台湾） 编著

企业物料管理制度化、电脑化导入实务宝典！傅武雄先生（台湾）逾二十年的经验与心得融入，以深入浅出的方式将物料管理方法与实务技巧加以阐述，将有助于企业在激烈竞争的环境中赢取竞争优势。

定价：￥75元

第一篇	物料管理总论
第二篇	做好计划层面的物料管理
第三篇	MRP的架构与实务
第四篇	执行层面的物料管理
第五篇	物料管理辅助篇

⑨ 现场管理实务

韩展初 编著

本书以管理的六大目标为主线，将管理者如何充分运用组织的有效资源，达成组织目标的方法、技巧汇集成有系统的资料，将给中基层企业管理干部的实务工作、培训指导提供有益参考。

定价：￥65元

第一篇	管理总论
第二篇	管理的核心——人
第三篇	营造高昂士气的团队
第四篇	如何提高产量、提升效率
第五篇	生产计划与交期管理
第六篇	降低成本与工作改善
第七篇	如何管理品质
第八篇	工业安全管理
第九篇	如何成为出色的现场管理者

⑧ 降低成本新利器
（Tear Down 技法）

佐腾嘉彦 编著

Tear Down 是以降低成本为宗旨，以分解调查竞争对手手法的技法。佐腾先生逾25年的操作经验累积的本书定能帮助企管人士提高工作附加价值，衍生新创意，提高产品竞争力，令企业在激烈的市场竞争中立于不败之地。

定价：￥56元

第一篇	Tear Down Method 的概念与缘起
第二篇	分解的进行方法
第三篇	主题别分解的实践
第四篇	利用分解之价值评价的进行方法
第五篇	分解的应用技术
总　结	分解的成功要点
结　语	
附　录	作业表单（Work Sheet）的使用法

⑦ 企业管理制度精选
（共两册）

福友企管书系编委会

本公司顾问师常年在国内辅导、顾问经验大公开！
去芜存菁，结合国内实际情况设计，若企业在管理制度建设方面能参照本书，并根据自身情况适度调整使用，定能大有裨益。

定价：￥580元

第一篇	人事管理
第二篇	行政事务管理
第三篇	财务会计管理
第四篇	营销业务管理
第五篇	生产管理
第六篇	物料管理
第七篇	采购管理
第八篇	品质管理

⑥ 如何选人用人育人留人

林荣瑞 编著

品质是企业的生命，人则是企业最重要的资产。本书针对国内企业人力资源管理薄弱之现状，以作者多年累积的实务经验，深入地进行案例分析探讨，协助您做好人才的培养与发展工作。

定价：￥68元

第一篇	人力资源管理与竞争优势
第二篇	如何甄选人才
第三篇	用人的艺术
第四篇	人才的育成
第五篇	企业如何留才
第六篇	人力资源管理与企业文化

（另售 VCD 教学光盘）

福友现代实用企管书系

献给 站 着睡觉的人

❺ 如何推行5S
孙少雄　编著

　　5S——"医治"工厂疑难杂症之良药。本书以实用的对比图片做诠释，全面系统地论述5S活动，帮助业界朋友在5S专案活动中以最简单的途径，取得最有效的成果。

定价：￥52元

第一篇	引言
第二篇	5S的解析
第三篇	5S推行要领
第四篇	推行步骤
第五篇	配合5S活动之管理技巧
第六篇	推行5S活动成功与失败的注意事项
第七篇	5S的延伸
第八篇	推行5S的好处
第九篇	5S活动宣传案例
第十篇	品质文化

❹ 企业管理表格精选
福友企管书系编委会

　　本公司顾问群汇编多年来从事企管、辅导方面所运用的经典成功表格，并对每一表格的流程及使用方法做了详尽说明，易于理解，使用方便。

定价：￥348元

第一篇	人事行政事务管理
第二篇	会计财务管理
第三篇	营销业务管理
第四篇	生产管理
第五篇	物料管理
第六篇	品质管理
第七篇	目视管理

（附CD-ROM光盘）

❸ 漫画管理禅
叶香　编著

　　由当今国内外管理高手之管理理念与成功的经验所提炼升华的管理禅语，能使您茅塞顿开。发人深省的故事情节，生动有趣的漫画将使您领悟追求成功的乐趣。

定价：￥36元

第一篇	成功篇
第二篇	领导统御篇
第三篇	人力资源篇
第四篇	沟通与激励篇
第五篇	箴言篇
第六篇	醒世篇

❷ 品质管理
林荣瑞　编著

　　"品质"是企业的生命，更是企业未来的决战场。本书使人们在品质的观念与技法上获得了质的突破：不仅谈统计技术，更重实地操作，定能让全厂上下都成为品质高手。

定价：￥56元

第一篇	认识品质管制
第二篇	品管应用手法
第三篇	工厂检验制度设计与应用
第四篇	全员参与 全员改善
第五篇	品质管制教育
第六篇	服务业的品管
第七篇	品质管制制度评鉴

❶ 管理技术
林荣瑞　编著

　　此书融合了美国、日本、台湾及大陆的管理精华，一改大陆管理书籍普遍过于强调理论性的缺陷，注重适用性及可操作性。被许多管理人员视为工作的"宝典"。

定价：￥78元

第一篇	企业经营与竞争策略
第二篇	组织原理
第三篇	人事政策与报酬制度
第四篇	工厂布置
第五篇	整理整顿与5S活动
第六篇	机器保养与工业安全
第七篇	企业骨干——管理者
第八篇	管理技术
第九篇	工业工程与现场改善
第十篇	生产计划与进度控制
第十一篇	物料管理与采购作业
第十二篇	事务管理与联系管理

福友现代实用企管书系

福友企业管理顾问有限公司
FORYOU CONSULTANT CO.,LTD.

献给 站 着睡觉的人

精美海报标语系列

★使您的工作场所更美化、让您的团队更具拼搏力！
★五个系列/套，共28张
定价：250元

■ 安全卫生系列

◆ 一人一份心
   安全有信心
◆ 工作为了生活好
   安全为了活到老
   ……

■ 生产力系列

◆ 你思考 我动脑
   产量提升难不倒
◆ 想一想
   一定还有更好的办法
   ……

■ 品质系列

◆ 品质意识加强早
   明天一定会更好
◆ 品质你我都做好
   顾客留住不会跑
   ……

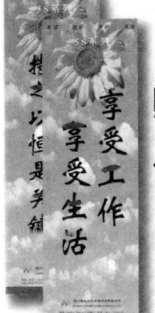

■ 5S 系列

◆ 工作效率想提高
   整理 整顿先做好
◆ 5S 效果看得见
   持之以恒是关键
   ……

■ ISO 系列

◆ 实施成果要展现
   持之以恒是关键
◆ 宁可因高目标而脖子硬
   也不要为低目标而驼背
   ……

(实际尺寸：28 cm × 87 cm)

精美海报标语

献给 站 着睡觉的人

福友现代实用商战系列

② 蓝彻斯特战略 定价：￥286元/套

矢野新一（日本）著

本丛书荣膺2004年
全国优秀引进版图书奖

企业成为No.1的策略！

面对经营环境越来越诡谲多变、越来越激烈残酷，企业不仅要更加注重运用策略战略，更应将自己企业的策略、战略定位在能够使自己成为行业中的"No.1"，即"No.1"战略(策略)！

只有赢取绝对"No.1"的竞争优势，才可彻底避免与同业惨烈厮杀、甚至被淘汰的命运，成就霸业并确保基业常青！

为帮助广大企业早日成功，福友有幸引进被誉为"No.1战略"的《蓝彻斯特战略》！之所以被誉为"No.1战略"，是因为蓝彻斯特战略体系自始至终贯穿两个精髓：

◆ No.1主义！
◆ 成为No.1，弱者VS强者的战略！

本套《蓝彻斯特战略丛书》(4个系列/套，共10册)

第一系列：《弱者VS强者的战略》(上、中、下，共3册)	第三系列：《批发商的战略》(上、下，共2册)
第二系列：《零售业的战略》(上、下，共2册)	第四系列：《厂商的战略》(上、下，共3册)

① 企业行销顾问 定价：￥40元

黄宪仁（台湾）著

"他山之石，可以攻玉！"

商业行销领域的图书虽然是汗牛充栋，但是多为观念性说教或三招两式的片段教学，整体性、系统性、实战性的书系是凤毛麟角。

本书着重于从商业行销通路整体体系来把脉，更是作者任顾问师辅导企业多年，见诸各专业报纸杂志心血之作的汇编，书中案例均为企业界万金难求的丰厚经验，"他山之石，可以攻玉"，对企业的经营必有所助益！

第一篇 行销经营策略篇
一 企业的成长策略
二 找出企业成功的关键因素
……

第二篇 行销运作实务篇
一 成功市场规范
二 高效促销手法
……

第三篇 行销部门管理篇
一 要重视"年度经营计划"
二 训练很贵，不训练更贵
……

第四篇 经营管理篇
一 账面有利润，最后却倒闭
二 举债经营发挥财务杠杆效应
……

献给站着睡觉的人

书友反馈卡

亲爱的读者:

感谢您对福友现代企管、商战书系的支持!

福友企管顾问公司经营理念:简单、直接、有效。福友企管书系也以同样的风格获得全国企业界的肯定,为了让我们一起更进步,请您填好下面的资料,并反馈给我们。您的资料将被妥善保存在福友客户资料库中。

您将会得到:

◆ 新出版物及企管课程信息。

◆ 购买福友书系及参加企管课程享受9折优惠。

---

1. 姓　名: _____　性　别:□男 □女　　会员卡号: _____

   电　话: _____　传　真: _____　邮政编码: _____

   单位全称: _____　　　　服务部门／职务: _____

   通讯地址: _____

   E-mail: _____

2. 您阅读这本书的书名是:

□ IE与单元生产	□ 制造业生产成本削减实战	□ TPM实战手册
□ 职场沟通零缺陷	□ 生产效率改善实务	□ 班组现场精细化管理
□ 如何推动目标管理	□ 不会说话别当头	□ 班组管理:从优秀到卓越
□ 员工应有的观念与态度	□ 企业财务管理实务	□ 现场制程品质管制实务
□ 采购与供应管理	□ 高效的生产绩效管理	□ 企业ERP成功之道
□ 采购管理	□ 新产品研发与销售	□ QC手法运用实务
□ IE的运用	□ 5S推行问题与对策	□ 企业经营分析手册
□ 仓储管理	□ QCC品管圈实务	□ 有效的选才与面谈技巧
□ 实用品质管理	□ 中小企业经营之道	□ TQM全面品质管理
□ 工厂管理	□ 绩效评估兵法	□ 生产计划与管制
□ 国际行销	□ 现代物料管理	□ 品质管制大全
□ 经营分析与企业诊断	□ 高阶主管经营训练	□ 中阶主管管理训练
□ 标准工时制定与工作改善	□ 供应厂商管理	□ 经营计划与预算管理
□ 降低成本新利器	□ SPC统计制程管制	□ 制造业物料管理实务
□ 如何推行5S	□ 生产计划管理实务	□ 现场管理实务
□ 品质管理	□ 如何选人用人育人留人	□ 企业管理制度精选
	□ 企业管理表格精选	□ 漫画管理禅
	□ 管理技术	□ 企业行销管理顾问
蓝彻斯特战略系列	□ 弱者VS强者的战略	□ 零售业的战略
	□ 批发商的战略	□ 厂商的战略

3. 您对福友书系的评价:

   □ 丰富实用　　　　□ 实用　　　　□ 平淡一般

4. 对我们的建议:

感谢您的填写,填写完毕后请传真或邮寄至福友发行部!

厦门市禾祥西路4号鸿升大厦15层(邮编:361004)　　厦门福友企业管理顾问有限公司
http://www.foryou.tw.cn　　　　　　　　　　　　　　E-mail:xm@foryou.tw.cn
电话:0592-2397728(总机)　　　　　　　　　　　　　传真:0592-2396530　2395580

优惠订购单

TO：福友企管发行部　　0592-2396530

读者服务信箱

感谢的话

谢谢您购买本书！

◆ 用寻宝的方式，将书中的方法与您现有的工作作比较，再融合您的经验，理出您最适用的方法。
◆ 新方法的导入使用要有决心，事前做好计划及准备。经常查阅本书，并与您的实务工作结合，自是有机会成为"企业大将"。
　　祝　早日实现！

您可以改变……

◆ 您是否认为"好东西应与好朋友共享"？订阅本福友企管书系赠送亲友，同享"追求成长"的喜悦。
◆ 您是否经常为事业的繁忙而烦恼？订阅本书培训下属，自是有机会成为"治大国，若烹小鲜"的主管。
◆ 与您同行，迈向科学管理之路。本书系中如有疑惑之处，欢迎来函洽询，我们乐于服务。

✂- -

企业名称					
地　址		E-mail		邮　编	
部　门		联系人		先生/小姐	
电　话		传　真			

优惠订购　**订购书目**

书名	单价	数量	单位	ISBN
《TPM实战手册》	45元	×	本	ISBN7561548127
《制造生产成本削减实战》	56元	×	本	ISBN7561547786
《IE 产业单元生产》	58元	×	本	ISBN7561546024
《业绩考核与目标管理》	52元	×	本	ISBN7561544556
《迈向卓越》	42元	×	本	ISBN7561543184
《从优秀到卓越》	45元	×	本	ISBN7561542125
《现场改善的实务》	55元	×	本	ISBN7561541104
《ERP成功之道》	48元	×	本	ISBN7561539903
《新绩效管理》	58元	×	本	ISBN7561538395
《ERP成功之道》	60元	×	本	ISBN7561537817
《全面薪酬制度》	58元	×	本	ISBN7561536483
《QCC活动圈》	45元	×	本	ISBN7561535356
《采购与供应商管理》	45元	×	本	ISBN7561533123
《5S实用宝典》	40元	×	本	ISBN7561534250
《5S实务问题与对策》	68元	×	本	ISBN7561533079
《QCC活动圈》	60元	×	本	ISBN7561531921
《有效的选才与面谈技巧》	100元	×	套	ISBN7561532416
《IE的运用》	40元	×	本	ISBN7561530597
《TQM全面品质管理》	45元	×	本	ISBN7561530580
《仓储管理实务》	30元	×	本	ISBN7561530184
《QC七大手法》	36元	×	本	ISBN7561528877
《原辅材料管理》	55元	×	本	ISBN7561528426
《费用成本管理》	42元	×	本	ISBN7561528464
《IE七大手法》	55元	×	本	ISBN7561527139
《应用生产管制》	52元	×	本	ISBN7561526752
《高阶经营训练》	80元	×	套	ISBN7561525834
《国际标准计量》	46元	×	本	ISBN7561525176
《中阶经营训练》	39元	×	本	ISBN7561524307
《生产管理》	68元	×	本	ISBN7561523912
《SPC》	45元	×	本	ISBN7561523459
《标准化与制度化工作改善》	47元	×	本	ISBN7561523394
《降低成本的途径》	120元	×	套	ISBN7561523408
《精益求精》	160元	×	套	ISBN7561522576
《育人留人》	58元	×	本	ISBN7561523320
《表格精选》（书含盘）	75元	×	本	ISBN7561522126
《企业赢家》	65元	×	本	ISBN7561521918
《顾问》	56元	×	本	ISBN7561521859
《精美和诺》	580元	×	套	ISBN7561520689
《孙子兵法》	68元	×	本	ISBN7561519508
《弱者的战略》	348元	×	套	ISBN7561519087
《茶道》	36元	×	本	ISBN7561518994
《打拼》	56元	×	本	ISBN7561518617
《谋略》	40元	×	本	ISBN7561517815
蓝彻斯特战略系列	250元	×	套	ISBN7561517343
	88元	×	本	ISBN7561517114
	52元	×	本	ISBN7561515782
	60元	×	本	ISBN7561515634
	86元	×	本	ISBN7561511787
		×		ISBN7561511760
		×		ISBN7561520425
				ISBN7561520883
				ISBN7561520891
				ISBN7561520913

合计金额：_____ 元

▶ 利用本订购单订购一律享受 9 折优惠。
▶ 培训员工一次购 30 本或 3000 元以上 8.5 折优惠。

服务热线：0592-2395581转201、204、210
传　真：0592-2396530　　2395580
E-mail:xm@foryou.tw.cn　http://www.foryou.tw.cn

✍ 付款方式

邮局汇款	厦门市禾祥西路4号鸿升大厦15楼 邮编：361004 厦门福友企业管理顾问有限公司收	银行电汇或转账	户　名：厦门福友企业管理顾问有限公司 开户行：中国银行厦门市分行 账　号：424758368900

✌ 配合事项

1. 本订购单烦请用正楷填写清楚，务必连同汇款单复印件传真至：0592-2396530
2. 为确保您所邮购的书籍顺利送达，在收到您的传真后，我们将通过邮局挂号寄出书籍，因目前邮路并不十分畅通，您可能需要多等待。如您在30天内未收到书，请您通知我们处理。
3. 保证受益无穷的好书，如您不满意，一个月内可以退书。